I0052270

# DE LA

# ...TION DES STATU[TS]

## DANS

## ...OIT FRANÇAIS ACTUEL

PAR

## HENRI LAGARDE

DOCTEUR EN DROIT

BORDEAUX

IMPRIMERIE DU MIDI, PAUL CASSIGNOL

91 — RUE PORTE-DIJEAUX — 91

1895

8°F
11638

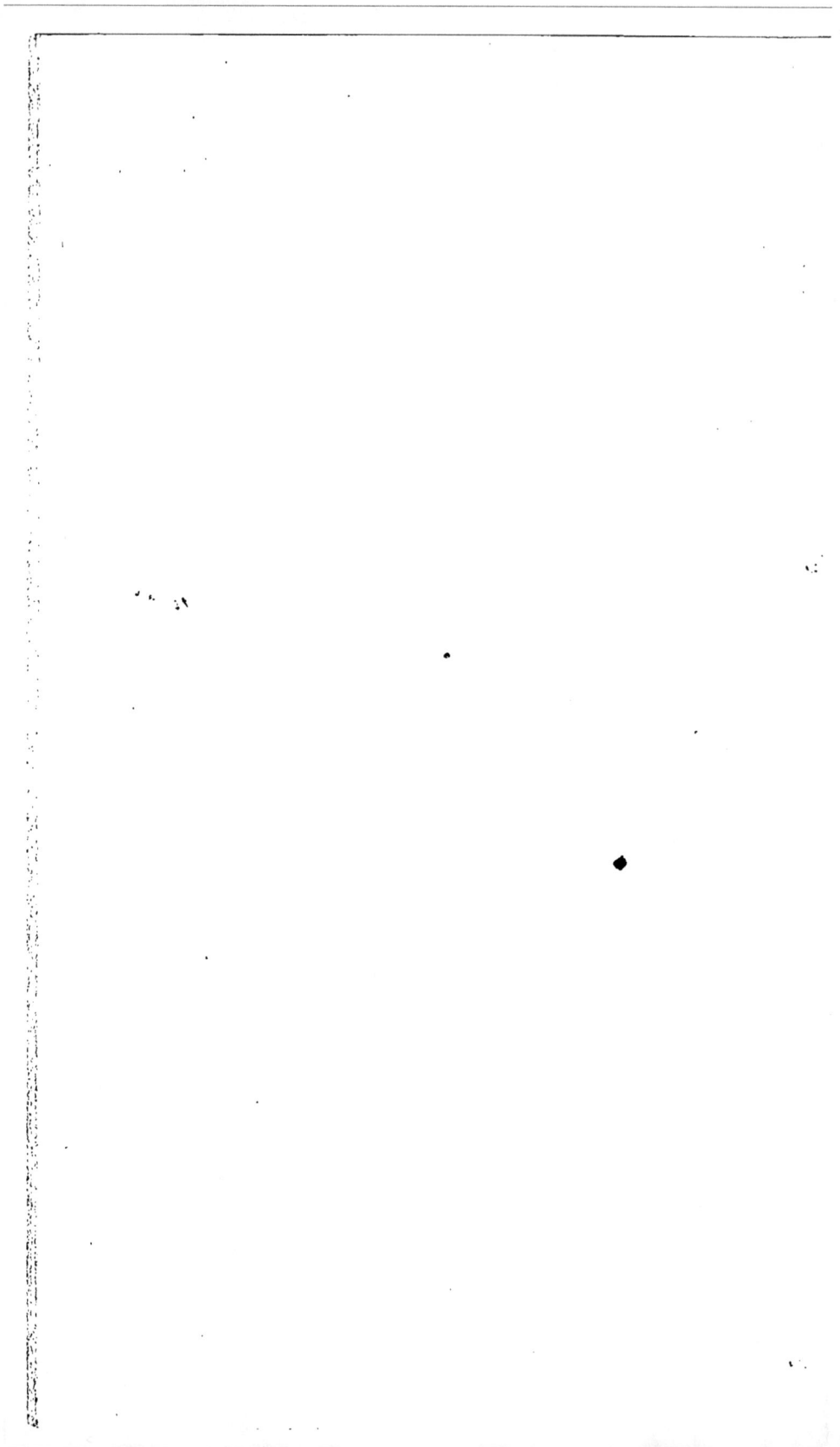

DE LA

# DISTINCTION DES STATUTS

DANS

## LE DROIT FRANÇAIS ACTUEL

PAR

83186

## Henri LAGARDE

DOCTEUR EN DROIT

~~~~~~

BORDEAUX

IMPRIMERIE DU MIDI, PAUL CASSIGNOL

91 — RUE PORTE-DIJEAUX — 91

—

1895

# INTRODUCTION

---

Grâce à la facilité toujours croissante des communications, les relations internationales ont pris, dans notre siècle, un développement considérable. Sous l'empire des nécessités du commerce, la condition faite aux étrangers s'est peu à peu améliorée dans les diverses législations et le nombre des individus qui agissent hors de leur patrie, entrent en rapport avec les sujets des autres états ou vont même s'établir en pays étranger, est allé sans cesse en augmentant. Aussi, dans des cas de plus en plus nombreux, est-il arrivé que la loi de chaque pays s'est trouvée en présence d'une ou plusieurs législations étrangères et partout l'on a dû se préoccuper de résoudre ces conflits. Suivant les temps et les lieux, les systèmes les plus différents ont été proposés, et aujourd'hui encore, l'entente est loin d'être faite sur la réponse qu'il convient de donner à un problème aussi délicat.

Dans notre droit, l'article 3 du Code civil, où se trouve le siège de la matière, nous donne les règles fondamentales adoptées sur ce point par le législateur : nous en transcrivons dès à présent le texte :

« Les lois de police et de sûreté obligent tous ceux » qui habitent le territoire.

» Les immeubles, même ceux possédés par des » étrangers, sont régis par la loi française.

» Les lois concernant l'état et la capacité des personnes régissent les Français, même résidant en » pays étranger. »

On verra plus loin combien ce texte est insuffisant, et dans quelle incertitude il nous laisse pour résoudre plusieurs questions de la plus haute gravité. Aussi les tribunaux ont-ils dû chercher en dehors du Code, les principes nécessaires pour parvenir à une interprétation satisfaisante des règles qu'il édicte, et combler en même temps les lacunes qu'il peut présenter. L'opinion générale a été, qu'en cette matière, comme en bien d'autres, le laconisme du législateur ne pouvait s'expliquer que par son intention de se référer purement et simplement aux principes admis dans notre ancien droit. C'est qu'en effet, si les conflits de lois ont pris de nos jours une importance extrême, ils n'étaient point cependant inconnus de notre ancienne jurisprudence : la diversité des coutumes les avait, au contraire, multipliés; des règles avaient été imaginées pour les résoudre; l'ensemble de ces règles formait la « Théorie des Statuts ».

Nous devons donc, tout d'abord, dire ce qu'était la théorie des statuts. Nous n'entreprendrons pas, après les travaux si remarquables de MM. Laurent (1) et Lainé (2) d'en faire l'histoire. Nous voulons seulement indiquer son origine, signaler les diverses phases de son développement, puis, appréciant sa valeur au point de vue juridique, dire quelles raisons ont pu déterminer le législateur du Code civil à la maintenir ou à la condamner.

Ce n'est qu'après cette étude préliminaire que nous pourrons aborder l'examen de notre droit positif et rechercher sur quels points et dans quelle mesure l'ancienne doctrine s'impose encore aujourd'hui.

(1) Laurent. *Le droit civil international,* t. I.
(2) Lainé. *Introduction au droit international privé,* t. I et II.

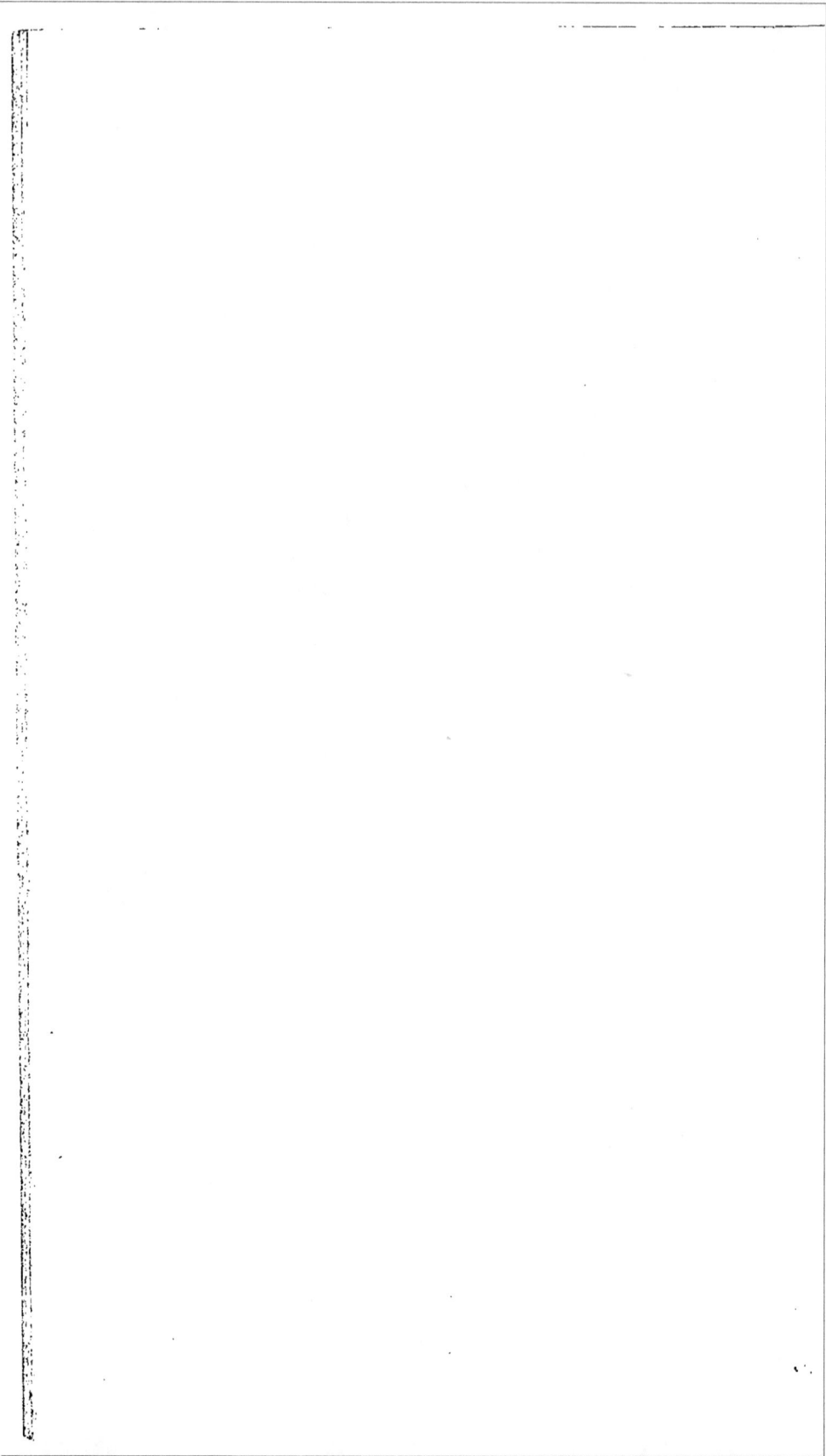

# CHAPITRE PREMIER

———

## Historique.

———

### SECTION I

#### ORIGINE DE LA THÉORIE DES STATUTS

Ce n'est pas dans le droit romain qu'il faut chercher l'origine de la théorie des statuts. Il est à peu
près impossible, dans le silence des textes, de dire
quelles règles les Romains avaient adoptées sur la
question qui nous occupe. Nous savons seulement
que les habitants des différents municipes ou colo-
nies de l'empire pouvaient parfois invoquer le droit
de leur propre cité (1) : d'où l'on a conjecturé que les
Romains avaient accepté le principe de la personnalité des lois (2). On a encore argumenté en ce

(1) Gaius. Instit. I. § 92 ; III § 120, § 134.—Ulpien, *Fragm.* tit. XX,
§ 14.
(2) Savigny. *Histoire du droit romain au moyen-âge* (traduction
Guenoux), t. I, p. 90, note c.

sens du fait que certaines lois répressives ne furent
qu'assez tard imposées aux étrangers (1); il semble-
rait bien en résulter que l'idée de la souveraineté
territoriale de la loi n'avait pas été entrevue à Rome.
Les Romains n'auraient donc pas, à vrai dire, connu
les conflits de lois.

La théorie des statuts ne se rattache pas davan-
tage au droit barbare. Les Germains appliquèrent,
en effet, le système de la personnalité des lois de la
façon la plus absolue. Chacun devait être jugé, quelle
que fut sa volonté à cet égard (2), d'après sa loi d'origine. Il en était ainsi, même pour les règles de droit
pénal, ce qui montre combien les Barbares avaient
peu la notion de l'État et de ses droits essentiels :
cela, du reste, n'a rien d'étonnant si l'on songe à la
condition presque nomade dans laquelle ils avaient
vécu jusqu'alors. Divisés en un grand nombre de
tribus qui constituaient des sortes d'associations
d'hommes libres entre lesquels régnait la plus
étroite solidarité, les conquérants se trouvaient animés d'un esprit d'individualisme poussé jusqu'à ses

(1) Il n'en faudrait pas conclure que les Romains n'ont pas eu
la notion de l'ordre public, telle qu'on la conçoit aujourd'hui,
car ces lois, d'un caractère tout spécial, semblent bien n'avoir
été faites que pour les citoyens. Nous avons, encore de nos
jours, des lois d'ordre public qui s'imposent à tous et d'autres
qui ne s'imposent qu'aux nationaux. C'est la distinction de
l'ordre public international et de l'ordre public interne (Despagnet. *Journal du droit international privé*, 1889, p. 5 et suivantes,
p. 207 et suivantes).

(2) Savigny. *loc. cit.*, p. 116.

dernières limites. Aussi, gardant pour eux seuls leurs coutumes et leurs traditions, laissèrent-ils à chacun des peuples qu'ils avaient vaincus, l'usage de ses propres lois. Il eût été d'ailleurs impossible de soumettre à une législation uniforme tant d'hommes de races, de mœurs et de religions différentes (1).

Quoi qu'il en soit de ce système et des difficultés pratiques que son application pouvait soulever, observons qu'il n'y a aucun rapport entre les lois personnelles de l'époque barbare et les statuts personnels dont il sera parlé plus loin. La personnalité des lois, telle que l'avaient admise les peuples germains, consistait dans l'application simultanée, sur un même territoire, de législations différentes ayant chacune sur les sujets qui relèvent d'elle, à raison de leur origine, une autorité absolue. Dans la théorie des statuts et dans la doctrine moderne, il n'en est plus de même. La loi personnelle est une loi, territoriale de sa nature, mais suivant en pays étranger l'individu auquel elle s'applique; la loi locale se trouve, par suite, mise en échec: le conflit de législations apparaît bien nettement. Les Barbares, méconnaissant la souveraineté territoriale de la loi. ignorèrent ce conflit (2).

L'origine de la théorie des statuts n'est donc ni dans le droit romain, ni dans le droit barbare; elle

_____

(1) C'est pour cette dernière raison que les états modernes ont dû, en certaines circonstances, accepter le système de la personnalité des lois.

(2) Lainé. *op. cit.*, t. I, p. 60.

est tout entière dans la féodalité. La terre avait acquis peu à peu une importance capitale : elle conférait la noblesse, elle donnait à l'homme la qualité de serf ou de libre. « La condition humaine était l'accessoire de terre » (1). Aussi, une transformation va-t-elle s'opérer.

Au Xe siècle, les races se sont fondues. Il s'est formé une multitude de petits états ayant chacun sa juridiction et sa loi. Les seigneurs, propriétaires du sol, maîtres souverains dans leurs domaines, animés d'ailleurs de cet esprit d'isolement et d'indépendance qui caractérisait les Germains, repoussent toute immixtion d'une souveraineté étrangère : à la personnalité des lois barbares succède la territorialité absolue des coutumes.

Au début, il ne dut guère y avoir de relations entre les habitants des diverses seigneuries féodales, et Beaumanoir, au XIIIe siècle, faisant remarquer l'extrême variété des coutumes, ne dit pas un mot des conflits qui en pouvaient résulter. Il est, en effet, vraisemblable que le principe de la territorialité du droit ne devait souffrir aucune exception ; tout au moins, s'il y était parfois dérogé, ce devait être sans méthode et de la façon la plus arbitraire. Mais, avec le progrès des mœurs et le développement du commerce, des rapports s'établirent entre les sujets des petits états féodaux, et il vint un jour où l'on comprit la nécessité d'admettre l'effet extraterritorial de certaines dispositions des coutumes. Dès lors se

(1) Laferrière, *Histoire du droit français,* t. IV, p. 420.

posa la question du conflit des lois; les premières
règles pour parvenir à la résoudre furent formulées
par les glossateurs.

## SECTION II

### LA DOCTRINE ITALIENNE

Les villes lombardes, enrichies par le commerce,
étaient parvenues peu à peu à l'indépendance. Le
traité de Constance, en 1183, en fit de véritables
républiques sur lesquelles l'empereur ne garda plus
qu'une suzeraineté nominale. Autour d'elles, la féodalité avait perdu beaucoup de sa puissance et de
nombreux seigneurs étaient même devenus bour-
geois des grandes cités. Aussi les études juridiques
ne tardèrent-elles pas à reprendre faveur ; le droit
romain était déjà enseigné à Ravenne ; d'autres écoles
se fondèrent, et notamment celle de Bologne qui jeta
un si vif éclat.

Les juristes firent considérer le droit romain
comme le droit commun des diverses cités; mais
chacune avait en outre ses lois municipales particulières qui portaient le nom de « statuts ». Les relations que les villes lombardes entretenaient entre
elles ou même avec les pays étrangers firent naître
des conflits soit entre les statuts et le droit romain,
soit entre les statuts eux-mêmes. Il fallut se préoccuper de les résoudre.

Les auteurs de l'école italienne ont exposé généralement leurs idées sur ces questions, au cours du
commentaire d'une loi célèbre, la loi « *Cunctos
populos* » (L. 1. C. de *Summa trinitate*. I. 1.). En
expliquant les premiers mots de ce texte qui font
allusion à l'étendue de l'empire romain, on avait
songé à rechercher quel était le domaine des lois
romaines et aussi le domaine des statuts de chaque
cité (1). D'autre part, ces jurisconsultes, admirateurs
convaincus du droit romain, croyaient pouvoir
trouver dans le *Corpus juris* la solution de toutes les
difficultés; aussi y cherchèrent-ils des règles sur le
conflit des lois. Mais les nombreux textes du Code ou
du Digeste, qu'ils citent à l'appui de chacune de leurs
décisions, ne doivent pas faire illusion à cet égard ;
à la vérité, ils firent œuvre personnelle et leurs efforts
pour dénaturer le sens des textes qu'ils invoquent et
les appliquer à des hypothèses auxquelles ils sont
tout à fait étrangers, le prouvent surabondamment.

Ce n'est pas à dire, toutefois, que le droit romain
n'exerça aucune influence sur la théorie des statuts.
L'esprit de justice qui animait les jurisconsultes
romains, la conscience qu'ils avaient eue d'une certaine communauté de droit entre les peuples, leurs
analyses profondes des dispositions législatives, con-
tribuèrent à pousser leurs interprètes à faire une
place à la loi étrangère quand la raison exigeait qu'il
en fut ainsi.

(1) Lainé, *loc. cit.*, p. 104.

Ce n'est guère qu'au XIII° siècle que les premiers principes furent posés. Le commentaire des lois romaines se faisait alors à l'aide de gloses et ce fut le moyen employé par les juristes pour noter les premières observations relatives au conflit des lois. Nous nous bornerons à citer la glose « *Quod si Bononiensis...* » à laquelle avaient donné lieu les premiers mots de la loi « *Cunctos populos* ». Dans la seconde moitié du XIII° siècle et dans la première moitié du XIV°, les idées se précisent. La France ne reste pas d'ailleurs étrangère au mouvement car, à côté de Cinus et d'Albéric de Rosate, nous trouvons des romanistes français, Guillaume Durant, Jacques de Révigny, Pierre de Belleperche, Jean Fabre, parmi les fondateurs de la doctrine italienne.

Le droit romain est considéré comme le droit commun : les statuts contraires à ses principes essentiels restent, par suite, dénués d'effet : dans tous les cas, constituant un droit d'exception, ils doivent recevoir l'interprétation la plus étroite : ils ne peuvent donc s'appliquer en dehors de leur territoire, ni, même dans les limites de ce territoire, s'imposer aux étrangers. Quant aux conflits des statuts entre eux, les juristes s'inspirent uniquement de la raison et des analogies de la loi romaine pour les résoudre. Il ne faudrait donc pas leur attribuer la création du procédé qui sera la caractéristique de l'école française, la division de toutes les lois en deux classes, celle des statuts réels et celle des statuts personnels. Cette division apparaît bien dans leurs écrits, mais elle n'y occupe qu'une place relativement peu importante parmi beaucoup d'autres, au milieu d'un grand nombre de distinctions et de sous-distinctions qui permettent de dégager la nature de chaque rapport de droit et la règle qui lui convient (1).

Bartole est le représentant le plus illustre de la doctrine italienne : il ne l'a pas créée, mais son œuvre la domine tout entière et son nom a presque fait oublier ceux de ses devanciers. Sans entrer dans l'examen de sa théorie, signalons quelques-unes de ses principales décisions : plusieurs ont été consacrées par la science moderne. C'est ainsi qu'à propos du testament, il pose, quoique d'une manière un peu détournée, la règle entrevue déjà avant lui par quelques auteurs, d'après laquelle la forme des actes juridiques est régie par la loi du lieu où ils sont faits. Au sujet des contrats, il établit nettement la distinction des *effets* et des *suites* qui a soulevé de nos jours de si vives discussions. Enfin, voulant déterminer la loi applicable à la succession des étrangers, il distingue suivant que le statut est fait en vue de la chose ou de la personne. C'est de là que l'on a conclu que, le premier, il avait divisé tous les statuts en deux classes.

La vérité, c'est que, pour Bartole, parmi les dispositions des statuts, certaines visent les choses, certaines autres visent l'état et la capacité des personnes. Pour les premières, la territorialité absolue est la

(1) Lainé, *loc. cit.*, p. 113 et suivantes.

règle. Les autres, au contraire, n'atteignent pas les étrangers et suivent hors du territoire ceux auxquels elles s'appliquent. Et encore Bartole n'admet l'extra-territorialité de ces derniers statuts que sous deux réserves importantes : s'ils sont prohibitifs, il faut qu'ils ne soient pas odieux: s'ils sont attributifs de facultés, il faut qu'ils ne soient pas contraires au droit commun.

Quant au critérium indiqué par Bartole, pour savoir si le statut est réel ou personnel, et qui consiste à rechercher si le texte de la loi se réfère en premier lieu aux biens de la succession ou à la personne de l'héritier, il ne mérite pas toutes les railleries dont il a été l'objet. Bartole ne le propose en effet qu'à titre d'exemple et son idée principale est que le caractère de la loi ressort de ses termes, idée excessive sans doute, mais qui contient bien une part de vérité, car la formule dont se sert le législateur permet souvent de découvrir sa pensée (1).

Les principaux successeurs de Bartole en Italie furent Balde, Salicet, Paul de Castre, Alexandre, Rochus Curtius : les deux premiers seuls présentent quelque originalité; les autres ne firent guère que reproduire l'œuvre du maitre. Mais la doctrine italienne était passée en France : des jurisconsultes français avaient pris une part active à son élaboration et à son développement. Seulement, dans notre pays, elle se heurta au principe féodal de la territorialité des coutumes : elle ne succomba pas tout

(1) Lainé, *loc. cit.*, p. 157 et suivantes.

d'abord, et son influence apparait dans les œuvres
de Masuer, de Chasseneuz, de Tiraqueau : enfin, ce
fut à Dumoulin qu'elle dut ses derniers progrès.

Dumoulin procède comme ses prédécesseurs, et,
pas plus qu'eux, ne recourt à la division arbitraire
de toutes les lois en deux classes. Après avoir établi
d'un mot la règle que, pour la forme des actes et des
instances, la loi à suivre est la *lex loci actûs*, Dumoulin recherche quelle est la loi applicable à la substance des contrats. Rejetant l'opinion admise avant
lui, et d'après laquelle il fallait se référer à la loi du
lieu où le contrat s'est formé, il dégage nettement le
principe qui doit gouverner toute cette matière : les
parties sont indépendantes et c'est de leur volonté
seule qu'il faut se préoccuper. Dumoulin ne distingue
pas, d'ailleurs, entre la convention tacite et la convention expresse et fait, au sujet du contrat de mariage, une application remarquable de sa théorie (1).

Dumoulin admet la distinction des statuts réels et
des statuts personnels, mais sans lui donner le
caractère de généralité qu'elle va prendre dans la
doctrine française. Après avoir repoussé le critérium
proposé par Bartole, il imagine des définitions nouvelles : « *aut statutum agit in rem et semper inspici-
tur locus ubi res sita est; aut statutum agit in personam et tunc non includit exteros.* » Mais, au fond,
il ne s'écarte guère de ses prédécesseurs. Remar-
quons, cependant, qu'il range les successions dans

(1) Consilium 53 (*opera*, t. II. p. 964).

le statut réel, en exceptant toutefois le cas où la loi s'est limitée à certaines personnes (1). Quant à sa théorie du statut personnel, elle est confuse et contradictoire. C'est qu'en effet, Dumoulin est paralysé par la règle de la territorialité des coutumes dont la puissance est telle, qu'elle va arrêter le développement de la doctrine italienne et devenir la base d'un système nouveau.

Il serait difficile de résumer en quelques mots l'œuvre des auteurs de l'école italienne. L'idée fondamentale qui se dégage de leurs écrits est la distinction des « *ordinatoria* » et des « *decisoria litis* ». La procédure est régie par la loi du lieu où l'instance se déroule : et, au sujet des testaments, on voit apparaître le principe que les actes juridiques sont valables, au point de vue de la forme, quand on a observé les prescriptions de la loi du pays où ils sont faits. Quant au fond du droit, les juristes étudient séparément les différents conflits qui peuvent se présenter : ils n'essayent pas, comme vont le faire en France leurs successeurs, de partager toutes les lois en deux classes, suivant qu'elles visent les personnes ou les biens. Aussi le statut réel est-il loin d'occuper la place prépondérante qu'il va prendre dans la doctrine française.

La théorie du statut personnel soulève beaucoup plus de discussions. L'idée essentielle qui la domine s'est fait jour peu à peu : l'état et la capacité doivent

(1) Sa théorie se rapproche ainsi de celle de Bartole. Lainé, *loc. cit.*, p. 240.

être régis par la loi du domicile. Mais nous avons
dit que les statuts locaux étaient considérés comme
de droit étroit en présence du droit romain : comment
leur accorder un effet extraterritorial quand ils
étaient contraires au droit romain ? Pour surmonter
cet obstacle les auteurs imaginent de distinguer entre
les statuts favorables et les statuts odieux, les premiers devant s'appliquer partout, les seconds devant
être restreints dans les limites de leur territoire.
Seulement ils ne parviennent guère à s'entendre et
d'ailleurs, en France, on se heurte à la territorialité
des coutumes que d'Argentré va défendre avec tant
d'énergie.

## SECTION III

### LA THÉORIE DES STATUTS EN FRANCE

La doctrine italienne, transportée dans notre pays,
avait subi l'influence des idées féodales qui y domi-
naient. Ainsi, tandis que plusieurs opinions différentes avaient été proposées au sujet de la loi qui
doit régir la succession, les auteurs français restent
tous fidèles à la règle que la féodalité a fait admettre
et se prononcent pour l'application de la « *lex rei
sitûs* ».

La féodalité a bien été vaincue au point de vue
politique par le pouvoir royal; mais il n'en a pas été
de même dans le domaine du droit. « Les sociétés du
moyen-âge avaient longtemps fait corps avec leurs

chefs, avaient eu part à leur indépendance, s'étaient avec eux habituées à l'autonomie. Chacune considérait comme sa chose, comme son patrimoine propre, les usages qui s'étaient formés sur son territoire» (1). Les coutumes conservèrent donc toute leur force, et leur autorité s'accrut même quand elles eurent été rédigées. Au xviᵉ siècle, Loisel proclame la règle : « Les coutumes sont réelles » (2). Dumoulin, sans en faire la base de son système, avait dû tenir compte de cette puissance des coutumes. Guy Coquille la combattit vainement; il se trompait d'ailleurs sur son origine : il l'attribuait à une assimilation que nos jurisconsultes auraient faite entre les coutumes françaises et les statuts italiens dont nous avons vu la territorialité stricte en présence du droit commun.

La doctrine italienne ne devait pas disparaître complètement : elle avait mis en lumière le principe fondamental relativement à l'état et à la capacité des personnes : on ne pouvait guère le rejeter et cependant il apportait une grave dérogation à la règle de la territorialité des coutumes. Ces deux idées s'opposèrent l'une à l'autre, et de là résulta une tendance qui apparait déjà dans l'œuvre de Guy Coquille, à partager toutes les lois en deux classes. Peu à peu, on en arriva, peut-être aussi sous l'influence des souvenirs du droit romain et des formules conçues *in*

(1) Lainé, *loc. cit.*, p. 275.
(2) Loisel formule cette règle au sujet du testament, mais elle n'en a pas moins une portée générale. Elle n'est pas cependant absolue et souffre quelques exceptions. (Lainé, *loc. cit.*, p. 292 et 293.)

*rem* et *in personam*, à généraliser une division que
l'on avait trouvée, au milieu de beaucoup d'autres,
dans la doctrine italienne. Toutes les lois furent
réelles ou personnelles et la théorie des statuts se
réduisit à cette classification (1).

D'Argentré est le fondateur de cette nouvelle doctrine. Il l'a exposée dans son commentaire de l'ancienne coutume de Bretagne. L'article 218 (titre XII,
relatif aux donations) était ainsi conçu : « Toute personne pourveue de sens peut donner le tiers de son
héritage à autre qu'à ses hoirs, au cas qu'elle ne le
ferait par fraude contre ses hoirs. » Se demandant
si, pour calculer cette quotité disponible, il fallait
tenir compte des biens du *de cujus* situés dans le ressort de coutumes différentes, d'Argentré s'efforça de
déterminer les principes qui doivent gouverner les
conflits de lois.

Il se fit le champion de la souveraineté des coutumes, non pour contredire Dumoulin, ainsi qu'on l'a
prétendu, mais poussé par une conviction profonde,
pour défendre les institutions et l'autonomie juridique de sa province. Il ne ménagea pas les railleries
aux auteurs de l'école italienne ; et, à leurs solutions
compliquées, il substitua une division unique comprenant toutes les lois. Il ne faudrait pas croire
cependant, pour cela, qu'il répudie tout l'héritage de
ses devanciers : car non seulement il cherche, lui
aussi, des arguments dans le Digeste et le Code, mais

(1) Lainé, *loc. cit.* p. 307 et suivantes.

encore il admet que les règles passées en jurisprudence s'imposent et doivent être maintenues.

Le principe est donc la territorialité des coutumes.
D'Argentré le proclame bien haut et en déduit des
conséquences extrêmement rigoureuses : c'est ainsi
qu'il décide que les statuts qui visent à la fois les
personnes et les choses, les statuts mixtes, doivent
être assimilés aux statuts réels ; c'est ainsi encore
que, pour lui, il n'y a de statuts personnels que ceux
qui affectent d'une manière générale l'état et la capacité des personnes. Mais, comment après cela expliquer l'effet relatif et extraterritorial de certaines
dispositions des coutumes? D'Argentré est, en effet,
très embarrassé. C'est que son système, poussé à
bout, conduit à la territorialité absolue.

L'œuvre de d'Argentré, inspirée à un si haut degré
par l'esprit féodal, ne s'imposa pas tout d'abord. La
plupart des auteurs du xvie et du xviie siècles et notamment Choppin, Charondas, Brodeau, Ricard, ne
paraissent guère s'en préoccuper. Le Parlement de
Paris adopte la théorie de Dumoulin sur l'effet de la
communauté coutumière, et Louet rapporte un arrêt
rendu en 1600 et qui fut suivi de beaucoup d'autres,
affirmant l'effet extraterritorial des lois relatives à la
capacité des personnes. La jurisprudence subit donc
encore l'influence de la doctrine italienne : car la
féodalité n'a pas conservé partout la même puissance
qu'en Bretagne. Cependant les idées de d'Argentré
gagnent peu à peu du terrain : elles inspirent Challine
et Denis Simon : leur autorité grandissante se voit

également dans les écrits de Renusson et de Lebrun; mais c'est dans les Pays-Bas qu'elles vont obtenir le triomphe le plus complet.

La doctrine italienne était connue depuis longtemps en Belgique. L'autonomie juridique des diverses provinces, leur passion pour l'indépendance et leur hostilité à toute immixtion d'une souveraineté étrangère, furent les causes de sa chute. Burgundus poussa plus loin que d'Argentré les conséquences de la réalité des lois et Rodenburgh subit l'influence des mêmes idées (1). Mais la conséquence logique du système de d'Argentré était, comme nous l'avons dit, la territorialité absolue : l'école hollandaise accepta ce résultat.

L'évolution avait commencé avec Paul Voët : elle se précisa avec son fils Jean Voët et Ulric Huber. La loi est toute puissante sur son territoire, mais n'a aucune force au dehors. Jamais les juges d'un pays ne sont obligés de s'incliner devant l'autorité de la loi étrangère : sans doute, l'intérêt bien compris commande parfois d'agir autrement, mais ce n'est là qu'une concession purement gracieuse. Telle est cette théorie qui tient, de nos jours encore, une si grande place dans le droit international.

Elle n'eut cependant que peu d'influence sur la doctrine française du XVIIIᵉ siècle. Froland, Boullenois et Bouhier semblent n'avoir connu que Paul

---

(1) Il en fut de même en Allemagne où la doctrine italienne avait exercé d'abord une grande influence. A la fin du XVIIᵉ siècle, Hert adopte la théorie de d'Argentré et de Burgundus.

Voët et n'avoir invoqué l'idée de la *comitas gentium* que pour étendre autant que possible le domaine de la personnalité (1). Telle est, en effet, la tendance des auteurs français de cette époque. Obligés d'accepter la division de toutes les lois en deux classes qu'a fait admettre d'Argentré, ils s'efforcent de restreindre le nombre des statuts réels. Nous avons déjà cité Froland (2), Boullenois (3) et Bouhier (4) : nous devons mentionner encore Prévôt de la Jannès (5), Pothier (6) et Merlin (7).

Tous ces auteurs sont loin d'adopter les mêmes idées : ils s'inspirent à la fois de d'Argentré et de Dumoulin et cherchent à concilier les règles traditionnelles avec les besoins de leur temps. Nous n'entrerons pas dans le détail des solutions qu'ils ont proposées. Nous les retrouverons d'ailleurs en indiquant les principes essentiels qui se dégagèrent de cette longue série d'efforts, de discussions et de controverses pour parvenir à donner une réponse satisfaisante au problème du conflit des lois.

---

(1) Lainé, *op. cit.*, t. II, p. 110.

(2) Froland. *Mémoires concernant la nature et la qualité des statuts.*

(3) Boullenois. *Questions sur les démissions de biens (question sixième).* — *Dissertations sur des questions qui naissent de la contrariété des lois et des coutumes.* — *Traité de la personnalité et de la réalité des lois, coutumes ou statuts, par forme d'observations.*

(4) Bouhier. *Observations sur la coutume du duché de Bourgogne* (Chap. XXI à XXXVI).

(5) Prévôt de la Jannès. *De la distinction des statuts réels et personnels* (3° *Discours* en tête des *Principes de la Jurisprudence française*).

(6) Pothier. *Traité de la communauté* (article préliminaire et article premier). *Coutume d'Orléans* (introd. gén., n° 25). — *Traité des successions* (Chap. IV, art. 3).

(7) Merlin. *Répertoire de jurisprudence. Recueil des questions de droit.*

Mais, auparavant, nous devons présenter une observation de la plus haute importance. La théorie des statuts, son nom même l'indique, avait pour objet principal de résoudre les difficultés que faisait naître, dans chaque pays, l'extrême diversité des lois et coutumes locales. Cependant, il ne faudrait pas croire qu'elle fut étrangère aux conflits qui pouvaient s'élever entre législations de pays différents. Bien que les relations internationales fussent assez peu développées, ces difficultés s'étaient présentées parfois, et, dans ces cas encore, c'est aux règles de la théorie des statuts que les auteurs avaient eu recours (1). Froland (2) et Boullenois (3), notamment, le déclarent de la façon la plus nette.

Nos anciens jurisconsultes s'étaient donc préoccupés du conflit de lois, tel qu'il s'élève normalement aujourd'hui, tel que nos tribunaux ont à le résoudre. Voyons maintenant les solutions qu'ils ont proposées et demandons-nous si elles peuvent nous être de quelque secours pour combler les lacunes du Code civil.

(1) Lainé, *op. cit.*, t. I, p. 74 et suivantes.
(2) Froland. *Epitre au Parlement* (en tête de ses *Mémoires concernans la nature et la qualité des statuts*).
(3) Boullenois. Préface du *Traité de la Personnalité et de la Réalité des lois, coutumes ou statuts*.

# CHAPITRE II

––––

## Exposé et appréciation de la théorie des statuts.

––––

### SECTION I

#### PRINCIPES FONDAMENTAUX DE LA THÉORIE DES STATUT S

Le caractère essentiel de la théorie des statuts (nous parlons de la doctrine française) est la division de toutes les lois en deux classes : les statuts réels et les statuts personnels. Cette division est faite a u double point de vue de l'objet des lois et de leur effet. Le statut réel est celui qui vise la condition des biens : dans les limites de son territoire, il a une autorité absolue, mais il n'a aucun effet au delà. Le statut personnel est celui qui se réfère à la condition des personnes : il ne régit que les individus qui ont leur domicile sur son territoire, mais il les suit en quelque lieu qu'ils se transportent.

Cette confusion, d'une part entre les statuts réels et les lois territoriales, d'autre part entre les statuts personnels et les lois extraterritoriales, fut une cause d'équivoque. Mais le défaut capital d'une pareille division était sa portée trop générale, son caractère trop absolu. Toute disposition législative devait rentrer dans l'une ou l'autre de ces deux classes, procédé stérile qui, d'ailleurs, se heurtait dans bien des cas à une véritable impossibilité. Nos anciens auteurs le comprirent bien, et ce partage de toutes les lois, écarté par quelques-uns d'entre eux pour certaines matières, fut complètement dénaturé par d'autres. On essaya aussi de tourner la difficulté à l'aide des statuts mixtes. Si, pour d'Argentré, ils n'avaient été qu'un moyen d'agrandir encore le domaine du statut réel, plus tard on voulut en faire une troisième classe de lois : mais on ne parvint jamais à s'entendre sur sa composition, et cela, du reste, n'eut servi à rien, car, ainsi que le fit très justement observer Bouhier, l'idée de statuts mixtes est contradictoire en elle-même : « Comme le statut mixte tient de la nature des uns et des autres, il faudroit qu'il put en même temps passer les bornes de son territoire, et être restreint dans ces mêmes bornes » (1).

Toutes les lois sont donc des statuts réels ou des statuts personnels : mais l'une de ces deux classes domine l'autre, car la réalité est la règle, la personnalité l'exception. Cette prédominance des idées féodales n'avait aucune raison d'être au XVIIIᵉ siècle : aussi Bouhier tenta-t-il de s'y soustraire (2).

(1) Bouhier. *Observations sur la coutume du duché de Bourgogne*, ch. XXIII. numéros 29 et suivants.
(2) Bouhier, *op cit.*, ch. XXXVI, numéros 2 et suivants.

D'ailleurs, comme nous le dirons plus loin, elle conduisait logiquement à la territorialité absolue. Mais voyons d'abord quelles furent ses conséquences et comment, avec un tel point de départ et une semblable méthode, nos anciens jurisconsultes proposèrent de résoudre les conflits de lois.

*1º L'état et la capacité des personnes.*

L'état et la capacité sont régis par la loi du domicile : tel est le principe qui se dégagea peu à peu et finit par être, en France, universellement accepté. L'unité législative n'existant pas, il ne pouvait être question de la loi nationale : ce fut au domicile qu'on s'attacha.

L'école italienne, s'appuyant en apparence sur des textes de droit romain, mais s'inspirant au fond de l'idée de justice, avait établi, dès le début, qu'en matière d'état et de capacité, le statut d'une ville ne s'imposait pas aux étrangers. Plus tard on mit bien en lumière le caractère de ces lois qui ne s'appliquent qu'à certains individus mais les suivent en tous pays et doivent, par conséquent, être respectées par les tribunaux étrangers. Malheureusement les juristes italiens étaient arrêtés, à chaque pas, par l'idée qu'en présence du droit commun les statuts sont d'application étroite : et pour l'écarter ils n'avaient que la ressource de considérer certains statuts comme favorables, et comme susceptibles, par suite, d'une application générale.

A cet obstacle vint se joindre, en France, la règle féodale de la souveraineté des coutumes. Le principe posé par l'école italienne triompha cependant et d'Argentré lui-même dut l'admettre, en s'efforçant, il est vrai, de le resserrer dans ses plus étroites limites : la loi, d'après lui, n'était personnelle qu'à la double condition d'affecter la personne *pure et universaliter*. Mais, peu à peu, ces restrictions furent écartées et, au XVIIIe siècle, malgré quelques hésitations et quelques réserves, le principe est accepté par la jurisprudence et par les auteurs : Pothier le déclare formellement (1).

L'état et la capacité sont donc régis par la loi du domicile. Mais que décider dans le cas où le domicile vient à changer ? Jusqu'au XVIIIe siècle on admit qu'il fallait toujours avoir égard au domicile actuel. Ce système ne parut guère acceptable, notamment pour la fixation de l'âge de la majorité, à Froland, Boullenois et Bouhier. Mais leur théorie n'est pas bien nette, ou, pour mieux dire, chacun d'eux eut, sur ce point comme sur bien d'autres, sa théorie propre : et aucun n'osa tirer de l'idée nouvelle les conséquences qu'elle comportait. Il ne pouvait, d'ailleurs, en être autrement, car la France était alors divisée en un grand nombre de petits territoires ayant chacun ses lois particulières. L'individu, domicilié dans le ressort d'une coutume, qui transportait son domicile dans le ressort d'une autre coutume,

(1) Pothier. *Traité des successions*, chap. IV, art. 13.

changeait vraiment de patrie au point de vue juridique. Ce n'est que dans un cas, auquel ils n'ont
pourtant fait aucune allusion, le cas de changement
de domicile d'un Français qui allait s'établir en pays
étranger ou d'un étranger qui venait se fixer en
France, que la théorie émise par Froland, Boullenois
et Bouhier était à l'abri de la critique.

## 2° *Le Régime des biens.*

Les règles sur l'organisation de la propriété furent,
bien évidemment, rangées dans le statut réel. Pour
les immeubles il n'y eut jamais le moindre doute (1).
En ce qui concerne les meubles, on les déclara régis
par la loi du domicile du propriétaire. L'adage
*Mobilia sequuntur personam*, connu dès le XIVe siècle, s'était fait jour à propos des successions mobilières. Après avoir abandonné la loi de la situation
réelle des meubles, on hésita entre la loi du lieu du
décès et la loi du domicile du propriétaire. Ce fut
cette dernière qui l'emporta. Au fond, et Dumoulin
ne s'y trompa point, on substituait ainsi à la situation véritable des meubles une situation fictive. La
règle *Mobilia sequuntur personam* aurait donc dû
être rangée dans le statut réel. D'Argentré, séduit par
les termes de la formule, y vit cependant une dépen-
dance de statut personnel, et, dans la suite, les

(1) Il n'y eut de controverse que pour la prescription et l'on se
prononça, en général, pour la loi de la situation.

auteurs se partagèrent entre ces deux systèmes.
Tous, d'ailleurs, admettaient la règle elle-même qui,
peu à peu, ne s'appliqua plus seulement au règlement des successions mobilières, mais acquit une
portée générale. Une pareille extension ne pouvait se
justifier par aucune bonne raison : on le comprit
bien, et l'on apporta tant d'exceptions au principe
qu'il ne reçut plus guère d'applications en ce qui
concerne les meubles individuels (1).

Quant aux créances, malgré l'opinion de quelques
auteurs, et notamment de Guy Coquille, on les réputa
situées au domicile du créancier, comme on avait
réputé les meubles corporels situés au domicile du
propriétaire. On eut ainsi la règle : *Nomina ossibus
personœ creditoris inhœrent* (2).

### 3° *Les Successions.*

Le principe admis dans notre ancien droit relativement à la loi qui doit régir les successions, fut la
conséquence de l'état social et de l'organisation politique au moyen-âge. L'importance capitale que présentait la dévolution héréditaire des fiefs, la nécessité
d'assurer le service que le fief servant devait au fief
dominant, avaient déjà fait admettre certaines règles,

---

(1) Lainé, *loc. cit.*, p. 253 et suivantes.
(2) La difficulté, à l'origine, avait dû s'élever au sujet du règlement de la succession du créancier. Mais quand il s'agissait de
la succession du débiteur, on était obligé d'admettre la règle
inverse. Il eût fallu, cependant, faire un choix. (Lainé, *loc. cit.*,
p. 272 et suivantes.)

comme les droits d'ainesse et de masculinité. De très bonne heure, on proclama que la loi successorale devait être strictement territoriale et il en fut ainsi pour toutes les successions immobilières. L'hérédité comprenant des immeubles situés dans le ressort de coutumes différentes fut démembrée et l'on appliqua dans toute sa rigueur l'adage *Tot patrimonia quot bona diversis territoriis obnoxia.* — Nous avons vu que pour les meubles et les créances, on suivait des principes différents.

Tel est le système qui triompha, dès le début, dans la doctrine française. Sur ce point, les idées émises par les auteurs de l'école italienne n'eurent aucune influence. D'ailleurs ces auteurs s'étaient partagés. Les uns, et parmi eux, Albéric de Rosate et Salicet, avaient proposé de se référer à la loi du domicile du défunt. Beaucoup s'étaient prononcés en faveur de la loi de la situation. Enfin Bartole distinguait suivant que cette dernière loi était réelle ou personnelle : dans le premier cas elle s'imposait toujours; dans le second elle était inapplicable à la succession d'un étranger. Mais, en France, à l'exception de Cujas, tous nos jurisconsultes acceptèrent la réalité du statut des successions immobilières. Au XVIIIe siècle cette doctrine n'a pas varié. Et cependant la règle traditionnelle n'a plus sa raison d'être : elle eut dû disparaître avec la féodalité. L'idée de la conservation des biens dans les familles, qu'invoquent parfois les auteurs, ne pouvait suffire pour la justifier. Puis le démembrement de l'hérédité entraînait des difficultés inextricables. Aussi l'idée de l'unité de la succession commença-t-elle à se faire jour : dans quelques hypothèses elle fut même admise par la jurisprudence, et Boullenois, comprenant que le principe imposé par la tradition ne répondait plus à rien, en demanda l'abrogation (1).

#### 4° Les Conventions.

La doctrine italienne soumettait les conventions à la loi du lieu où elles avaient été conclues. Nous avons déjà rapporté l'opinion de Bartole sur cette question et aussi les efforts de Dumoulin pour mettre en lumière le principe qui doit gouverner toute la matière, le principe de l'indépendance et de la souveraineté des parties. La théorie de Dumoulin, en ce qui concerne les pactes tacites et la conséquence qu'il en avait tirée relativement à la communauté coutumière, furent vivement attaquées par d'Argentré : après lui, la lutte continua et les Parlements se divisèrent. Mais la règle essentielle qui triompha fut celle qui avait été acceptée par l'école italienne : « Nos auteurs, dit Boullenois, se déterminent assez unanimement pour la loi du lieu où se passe le contrat; ils en font même une règle générale (2).

---

(1) Boullenois. *Dissertations sur des questions qui naissent de la contrariété des loix et des coutumes.* (Discours préliminaire. p. 24.) *Traité de la personnalité et de la réalité des loix, coutumes ou statuts.* (Préface, p. 14.)

(2) Boullenois. *Traité de la personnalité et de la réalité des loix, coutumes ou statuts*, t. II, p. 456.

5° *La forme des actes juridiques.*

La théorie des statuts nous a légué sur ce point une règle qui est devenue un principe de droit international, la règle *Locus regit actum.* L'idée qu'elle exprime fut dégagée, par les juristes de l'école italienne, au milieu de bien des controverses, au sujet des actes passés en la forme publique et surtout du testament. Acceptée par Dumoulin, qui l'affirma pour tous les actes juridiques, elle finit par être admise en France malgré la souveraineté féodale des coutumes qui exigeait que tout acte concernant un immeuble fût régi, même en ce qui regarde la forme, par la *lex rei sitûs* (1).

Quant à la question de savoir dans quelle classe il convenait de ranger les lois relatives à la forme des actes, les uns se prononcèrent pour le statut réel, d'autres pour le statut personnel. Paul Voët y vit des statuts mixtes, Froland et Bouhier les laissèrent en dehors de la division des statuts.

Enfin nous devons ajouter que la règle *Locus regit actum* fut peu à peu considérée comme ayant un caractère obligatoire (2).

(1) Ce dernier système fut consacré en Belgique par l'édit perpétuel du 12 juillet 1611 (Article 13), mais il ne tarda pas à être abandonné.

(2) Arrêt du Parlement de Paris du 15 janvier 1721.

## SECTION II

### CRITIQUE DE LA THÉORIE DES STATUTS

Nous avons déjà dit que la caractéristique de la doctrine française était la division de toutes les lois en deux classes, les statuts réels et les statuts personnels.

Distinguer, dans le domaine du droit, des lois qui régissent la condition des biens et d'autres qui se réfèrent à la condition des personnes, était une idée juste en elle-même. Les lois qui réglementent l'organisation de la propriété, qui divisent les biens en meubles et immeubles, en choses dans le commerce et choses hors du commerce, sont vraiment des lois réelles, comme il est permis de qualifier de personnelles les lois qui s'occupent des personnes sans avoir aucun égard aux biens qu'elles peuvent posséder.

L'opinion contraire a cependant été soutenue. Déjà Renusson avait dit : « On ne peut pas regarder les biens purement et simplement par abstraction aux personnes qui les possèdent, ni aussi regarder purement et simplement les personnes par abstraction à leurs biens » (1). De nos jours cette idée a été reprise par M. Roguin. « Il n'y a pas, dit-il, il ne saurait y

_____

(1) Renusson. *Traité du droit de garde.*

avoir une condition des personnes et une condition des choses, philosophiquement parlant. Il existe uniquement des personnes dont les relations avec les choses sont réglées par le droit de telle ou telle façon » (1). Et encore: « Il n'y a donc aucune loi exclusivement personnelle, ni aucune absolument réelle; elles ont toutes l'un et l'autre caractère » (2). Cette manière de voir nous paraît inadmissible. Dans des cas nombreux, sur lesquels nous aurons, du reste, l'occasion de revenir plus loin, le législateur se préoccupe uniquement soit des biens, soit des personnes; et affirmer le contraire, c'est ne vouloir tenir aucun compte de la nature des dispositions qu'il édicte et de la pensée qui les a inspirées.

Nos anciens auteurs avaient donc eu raison de dire qu'il y a un statut réel et un statut personnel, un droit des biens et un droit des personnes. Mais, et ce fut là le vice fondamental de leur théorie, ils voulurent faire rentrer toutes les lois dans l'une ou l'autre de ces deux classes. C'était se heurter à une impossibilité manifeste. Les nombreuses dispositions législatives qui n'ont en vue ni la condition des personnes ni le régime des biens ne sauraient rentrer dans une semblable classification. Dans lequel des deux statuts pourrait-on, par exemple, faire figurer les lois qui régissent la forme des actes juridiques? Rechercher si le législateur a songé aux personnes plutôt qu'aux choses ou aux choses plutôt qu'aux

(1) Roguin. *La règle de droit*, p. 165
(2) Roguin, *loc. cit.*, p. 167

L. 3

personnes, est une pure subtilité. car il n'a certainement eu égard ni aux unes ni aux autres.

Ce système était donc voué à un échec certain. « Les jurisconsultes ne s'accordaient que sur un » point, la difficulté, pour mieux dire l'impossibilité » à laquelle ils se heurtaient quand il s'agissait de » l'appliquer » (1). Des controverses sans fin s'élevèrent et chaque auteur eut sa théorie particulière. Quel critérium aurait-on pu découvrir pour mettre un terme à cette confusion ? « On s'imagine, dit » Froland, être fort habile et avoir découvert le » mystère quand on sait que le statut réel est celui » qui regarde le fond, que le statut personnel est » celui qui regarde la personne, et cependant, avec » toutes ces définitions, on est encore à l'alphabet » et l'on sait très peu de chose, parce que tout le » point de la difficulté consiste à découvrir et à dis- » tinguer nettement quand le statut regarde unique- » ment le fond ou la personne » (2).

La difficulté se compliquait encore. On sait que la division des lois était faite à la fois au point de vue de leur objet et de leur effet. Le statut réel était bien celui qui visait la condition des biens : mais c'était en même temps une loi qui exerçait dans les limites de son territoire une autorité absolue, et n'avait aucune force au delà. A l'inverse, le statut personnel était bien celui qui visait la condition des personnes :

(1) Laurent. *Le droit civil international*, t. I, n. 11.
(2) Froland. *Mémoires concernans la nature et la qualité des statuts*, t. I, p. 13.

mais il avait en outre pour caractère de suivre partout ses sujets, tout en étant inapplicable aux étrangers qui se trouvaient sur son territoire. De sorte que, pour ranger une disposition de loi dans le statut réel ou le statut personnel, non seulement il fallait tenir compte de sa nature propre et de la volonté du législateur, mais on devait encore se préoccuper de la portée que telle ou telle qualification pouvait lui attribuer, de l'étendue d'application qui en serait la conséquence.

Aussi arriva-t-il souvent que les auteurs n'osèrent pas qualifier de personnels certains statuts, parce que c'eût été porter atteinte au principe de la territorialité du droit. Nous avons vu, en effet, que cette règle féodale avait survécu à l'état social qui lui avait donné naissance : c'est à elle qu'il faut attribuer les plus graves défauts de la théorie des statuts.

« Toutes les coutumes sont réelles ». Tel est le point de départ de la doctrine française. Comment s'étonner des résultats auxquels elle est parvenue ? Au xviiie siècle encore, si l'on excepte l'opinion isolée de Bouhier, la réalité est la règle, la personnalité l'exception. Les statuts personnels étaient un palliatif que l'on avait apporté à la trop grande rigueur du principe féodal. Et même, à vrai dire, c'était une inconséquence, un manque de logique que l'on eut beaucoup de peine à justifier. Les uns invoquèrent le caractère favorable de certains statuts, d'autres leur conformité avec le droit romain; parfois même on se basa sur l'idée assez étrange que les personnes sont « plus nobles que les choses »; enfin Boullenois et Bouhier subirent l'influence de Paul Voët et de sa théorie de la courtoisie internationale. Au fond, ce fut toujours à une pensée de justice que l'on céda, mais en se heurtant sans cesse à la vieille règle de la souveraineté absolue des coutumes.

On admit donc des statuts personnels dont le nombre s'accrut peu à peu et l'on arriva ainsi au partage de toutes les lois en deux classes : système contraire à la nature des choses, qui devait stériliser les efforts tentés par nos juristes pour arriver à des solutions plus parfaites. L'entente n'était pas possible, et, serait-elle venue à se faire, que les conflits de lois n'eussent pas été plus aisés à résoudre : car il est bien évident qu'on ne peut déterminer d'une façon rationnelle la loi qui doit régir un rapport de droit, si l'on ne s'attache qu'à certains de ses caractères, si l'on n'observe pas avec soin tous les éléments qui le composent. Aussi, ne faut-il pas être surpris des expédients qu'employèrent parfois les auteurs pour échapper à la division bipartite et laisser en dehors d'elle les matières auxquelles ils ne pouvaient l'appliquer.

Mais l'impossibilité de maintenir toujours la règle féodale de la territorialité des lois sur laquelle reposait la théorie des statuts et les difficultés insurmontables soulevées par le partage de toutes les dispositions législatives en deux classes, devaient avoir une autre conséquence : le désaccord le plus complet s'éleva entre les juristes et chacun eut son système propre. Au xviiie siècle, l'union est loin de se faire et les discussions continuent. Boullenois dit « qu'il n'est pas possible de se faire des règles qui aient une application toujours certaine » ; et Froland ne sait « à quel autel adresser ses vœux pour parler juste en cette matière ». Quant à Bouhier, il repousse la souveraineté territoriale des coutumes qui est le principe même de la théorie, et dénature la classification traditionnelle qui en constitue la méthode. Sans doute, il y a des solutions généralement admises par les auteurs et par les cours de justice. De toutes ces opinions diverses, du milieu de tous ces débats, quelques règles fondamentales se sont dégagées ; mais, dans leur application, les hésitations surgissent et l'on recule souvent devant les conséquences qu'elles engendrent.

Il serait donc exagéré de dire qu'à la fin du xviiie siècle, il y avait en France un système net et précis, accepté par la jurisprudence et par la doctrine, pour la solution des conflits de lois.

Avec la Révolution, l'unité législative se fait et les derniers vestiges de la féodalité disparaissent. La théorie des statuts, issue du régime féodal, basée sur l'idée de la territorialité stricte et absolue des coutumes, va sans doute être abandonnée. Et il est vraisemblable que le législateur du Code civil, arrachant les règles du conflit des lois aux controverses des juristes et à l'arbitraire des tribunaux, va substituer à ces principes surannés des principes mieux conçus et plus conformes à l'état de choses nouveau.

# CHAPITRE III

---

## Interprétation de l'article 3 du Code civil.

Une jurisprudence constante, approuvée par la presque unanimité des auteurs, voit dans l'article 3 du Code civil la confórmation de l'ancienne théorie des statuts (1). Or, nous avons vu combien le point de départ de cette théorie était faux, sa méthode vicieuse, ses règles vagues et incertaines. Il semble donc impossible que le législateur du Code civil ait voulu la faire sienne : dans tous les cas, une décision aussi regrettable ne saurait être admise qu'en présence d'une volonté clairement manifestée par lui (2).

L'opinion générale se fonde sur le texte même de l'article 3 et sur les travaux préparatoires.

I

Au premier abord, le texte de l'article 3 semble décisif contre le système admis par la jurisprudence.

(1) Barde. *Théorie traditionnelle des statuts*, p. 2.
(2) Despagnet. *La théorie des statuts dans le Code civil. (Revue critique de législation et de jurisprudence)* Année 1884, p. 487.

La théorie des statuts, telle qu'elle se présentait à la fin du XVIII° siècle, se résumait dans une division traditionnelle de toutes les lois en deux classes : les statuts réels et les statuts personnels. Or, l'article 3 ne prononce même pas le mot *statut* et n'emploie aucun terme analogue. Est-il croyable qu'un texte écrit pour consacrer la théorie des statuts passe sous le silence le plus complet la règle capitale qui servait de base à toutes les décisions de nos anciens auteurs, et autour de laquelle s'étaient concentrés tous leurs efforts ?

A cela on répond que, si l'article 3 ne reproduit pas expressément la distinction des statuts réels et des statuts personnels, il la confirme implicitement, et d'une manière très nette : elle ressort, en effet, de l'opposition établie par les deux derniers alinéas de ce texte, entre le droit des immeubles et le droit des personnes.

Avant d'examiner la valeur de cet argument, voyons quelles sont les dispositions contenues dans l'article 3.

Le premier alinéa de l'article 3 est relatif aux lois de police et de sûreté : il décide qu'elles obligent tous ceux qui habitent le territoire. Jusqu'ici, il n'y a rien qui puisse nous faire croire à une reproduction de la théorie des statuts. Car, c'est là un principe admis dans la législation de tous les peuples civilisés, principe indispensable pour assurer le maintien de l'ordre public et le respect dû à l'indépendance et à la souveraineté des états.

Le deuxième alinéa porte que tous les immeubles situés sur le territoire français sont régis par la loi française. Nous ne contestons pas que ce point ne faisait aucun doute dans notre ancien droit. Mais il n'en résulte nullement que le Code se réfère ici à la théorie des statuts. La formule assez vague qu'il emploie ne saurait d'ailleurs être acceptée dans toute sa généralité, car on en arriverait ainsi à faire déterminer par la loi territoriale, la capacité d'acquérir ou d'aliéner des immeubles. D'autre part, rien dans les expressions dont il s'est servi ne permet de penser que le législateur a eu du statut réel la conception qu'on en avait jadis. Nous verrons, au contraire, que la règle qu'il édicte peut s'interpréter tout autrement.

Quant à la dernière disposition que renferme l'article 3, elle vise l'état et la capacité des Français. Or, à part la substitution de la loi nationale à la loi du domicile, substitution qui est la conséquence de l'unité législative établie par la Révolution, nous savons que notre ancienne jurisprudence avait proclamé un principe semblable. Mais, est-ce à dire pour cela que le Code civil a fait ainsi revivre le statut personnel, tel qu'on le comprenait autrefois ? C'est le contraire qui nous semble plutôt résulter de la lecture de l'article 3. Tout d'abord, en effet, ce texte ne parle que de l'état et de la capacité des Français, sans se préoccuper aucunement des étrangers, pour lesquels il eût dû cependant consacrer une règle semblable. En outre, le statut personnel comprenait bien d'autres matières que l'état et la capacité des personnes et le législateur ne pouvait le restreindre à la seule règle édictée par le dernier alinéa de l'article 3, sans abandonner complètement sur ce point la doctrine admise dans notre ancien droit.

L'article 3 ne contient donc aucune confirmation expresse ou tacite de la théorie des statuts. Il se borne à rappeler deux des principes qu'elle avait adoptés, et encore est-ce d'une manière incomplète et sans beaucoup de précision. De cette confirmation partielle, est-il permis de conclure à une confirmation générale ? « Le Code, dit M. Laurent (1), a fait pour les statuts ce qu'il fait d'habitude ; il se contente de formuler quelques principes, en laissant à la doctrine et à la jurisprudence le soin de les compléter par la tradition. C'est ainsi que, pour la matière difficile et étendue de l'action paulienne, il n'y a qu'un article de deux lignes (art. 1167). Domat l'avait exposée dans ses détails, d'après le droit romain : le législateur a trouvé inutile de les reproduire : mais en consacrant le principe, il reproduisait implicitement tous les développements que les anciens jurisconsultes lui avaient donnés. » Nous ne pouvons admettre cette assimilation entre la théorie de l'action paulienne et la théorie des statuts. La première remontait au droit romain et était acceptée par tous, au moins dans ses lignes principales. La seconde, au contraire, était tout à fait incertaine et, sur la plupart des points, l'entente n'avait jamais pu se faire.

(1) Laurent, *op. cit.*, t. II, n° 40.

Si le législateur avait voulu consacrer la théorie
des statuts, il n'eût pas gardé le silence sur les questions les plus graves, sur celles qui avaient soulevé
jadis le plus de discussions. Sans doute, les deux
règles qu'il rappelle étaient les plus importantes
de l'ancienne doctrine: mais ne s'était-il pas élevé
autant de controverses au sujet du statut des conventions ou de la législation applicable aux meubles?

D'ailleurs, si l'article 3 n'était qu'un renvoi à la
théorie des statuts, on ne s'expliquerait pas que le
législateur du Code civil ait cru devoir, dans trois
textes différents, les articles 47, 170 et 999, consacrer
la règle *Locus regit actum*. De toutes les règles de
l'ancienne doctrine, c'était celle qui avait été le plus
généralement acceptée et qui avait le moins besoin
d'une confirmation expresse (1).

## II

Le texte de l'article 3 est donc loin d'être décisif en
faveur de l'interprétation admise par la jurisprudence. Mais nous avons vu que l'on invoquait encore

(1) Le projet du Livre préliminaire du Code civil (titre IV,
art. 6) contenait une disposition consacrant formellement la
règle *Locus regit actum*. Il en était de même du premier projet du
Titre préliminaire (art. 4). La formule proposée fut critiquée, à
tort du reste, comme dangereuse et conçue en termes trop
vagues. Aussi cette disposition disparut-elle du second projet.
Mais aucune raison n'ayant été donnée de cette suppression, il
nous paraît impossible de l'expliquer par le fait que la théorie
des statuts étant reproduite dans l'article 3, il devenait inutile
de consacrer une des règles qui en dépendaient. Il est plus
naturel de voir dans cet abandon la conséquence des critiques
du Tribunat (Brocher. *Cours de droit international privé*, t. I, p. 125.
*Contra* Duguit. *Des conflits de législations relatifs à la forme des actes
civils*, p. 56. note 1).

les travaux préparatoires où l'on prétend trouver la preuve évidente que le législateur a bien eu l'intention de s'en référer, pour la solution des conflits de lois, à la doctrine traditionnelle. On argumente en ce sens de certaines paroles de Portalis : « On a toujours distingué les lois qui sont relatives à l'état et à la capacité des personnes d'avec celles qui règlent la disposition des biens. » Et l'on rappelle que les tribuns Grenier et Faure disaient de l'article 3, le premier qu'il contenait des « principes enseignés par tous les publicistes », le second qu'il renfermait « les principales bases d'une matière connue dans le droit sous le titre de statuts personnels et de statuts réels. »

Nous allons montrer que ces déclarations de Portalis, de Grenier et de Faure n'ont pas la portée qu'on veut leur attribuer et que rien dans les travaux préparatoires, pas plus que dans le texte de l'article 3, ne nous oblige à accepter encore aujourd'hui la théorie des statuts.

Le premier projet de Code civil contenait, au titre IV du livre préliminaire, deux articles, 4 et 5, ainsi conçus (1) :

« ART. 4. — La loi oblige indistinctement ceux qui habitent le territoire : l'étranger y est soumis pour les biens qu'il y possède et pour sa personne pendant sa résidence.

» ART. 5. — Le Français résidant en pays étranger

(1) Fenet, t. II, p. 6.

continue d'être soumis aux lois françaises pour ses biens situés en France et pour tout ce qui touche à son état et à la capacité de sa personne.

» Son mobilier est réglé par la loi française comme sa personne. »

La rédaction de ces deux textes souleva des critiques. Le tribunal d'appel de Grenoble fit observer que l'étranger résidant en France ne pouvait être régi par la loi française au point de vue de son état et de sa capacité : « Le rapprochement des articles 4 et 5 de ce titre présente des doutes à cet égard; il serait convenable de s'expliquer d'une manière plus précise sur sa capacité ou incapacité de disposer de ses biens situés en France » (1). D'autre part, le dernier alinéa de l'article 5, critiqué par le tribunal d'appel de Lyon (2), fut abandonné et disparut du projet.

Les articles 4 et 5 furent alors renvoyés au titre « de la jouissance et de la privation des droits civils » (3), ce qui prouve bien qu'ils ne renfermaient pas les règles générales admises par le législateur en matière de conflits de lois, car, dans ce cas, leur place n'eût pas été dans ce titre.

La section de législation du Conseil d'Etat proposa ensuite un article 3 ainsi conçu :

« La loi oblige indistinctement ceux qui habitent le territoire » et, sur l'observation faite par Tronchet

(1) Fenet. t III, p. 529.
(2) Fenet, t. IV, p. 33.
(3) Fenet, t. VI, p. 15. Locré, *Législation française*, t. I, p. 393.

que cette formule était trop absolue, le mot « indistinctement » fut retranché (1).

Plus tard, enfin, lors du second projet du titre préliminaire, un membre de la section de législation du
Tribunat proposa de réunir en une seule disposition
les deux articles (16 et 17) du projet relatif à la jouissance et à la privation des droits civils, et l'article 3
du titre préliminaire. Et l'on eut ainsi la rédaction
définitive de l'article 3 du Code civil (2).

Ajoutons que jamais, jusqu'au jour où notre texte
reçut sa forme dernière, il ne fut question d'un renvoi à la théorie des statuts. Du moins, les travaux
préparatoires sont entièrement muets à cet égard.

Mais on dit que l'intention du législateur s'est clairement manifestée dans les explications dont l'article 3 a été l'objet de la part de Portalis, de Grenier et
de Faure.

Portalis, présentant le projet au Corps législatif,
s'exprimait ainsi dans son exposé des motifs :
« S'agit-il de lois ordinaires ? On a toujours distingué
celles qui sont relatives à l'état et à la capacité des
personnes d'avec celles qui règlent la disposition des
biens. Les premières sont appelées personnelles et
les secondes réelles » (3). Ce passage pourrait faire
croire que Portalis entendait ainsi se référer simplement à la vieille distinction des statuts personnels et

---

(1) Fenet, t. VI, p. 19. Locré, t. I, p. 399.
(2) Aucune raison ne fut, du reste, donnée à l'appui de cette
nouvelle rédaction. (Fenet, t. VI, p. 341. Locré, t. I, p. 563.)
(3) Fenet, t. VI, p. 356 et suivantes. Locré, t. I, p. 580 et suivantes.

des statuts réels : on va voir cependant que telle n'est pas sa pensée. Les lois réelles dont il parle ne sont pas du tout les statuts réels de notre ancien droit, et l'expression « lois qui règlent la disposition des biens » ne doit pas faire illusion à cet égard, car Portalis semble bien n'avoir en vue que les lois qui intéressent l'ordre public. Voici en effet, ce qu'il dit : « Ces lois régissent les immeubles lors même qu'ils » sont possédés par des étrangers. Ce principe dérive » de ce que les publicistes appellent le *domaine émi-* » *nent* du souverain. Point de méprise sur ces mots » *domaine éminent :* ce serait une erreur d'en con- » clure que chaque état a un droit universel de pro- » priété sur tous les biens de son territoire. Les mots » *domaine eminent* n'expriment que le droit qu'a la » puissance publique de régler la disposition des » biens par les lois civiles, de lever sur ces biens des » impôts proportionnés aux besoins publics, et de » disposer de ces mêmes biens pour quelque objet » d'utilité publique, en indemnisant les particuliers » qui les possèdent. Au citoyen appartient la propriété » et au souverain l'empire... La souveraineté est un » droit à la fois réel et personnel. Conséquemment, » aucune partie du territoire ne peut être soustraite » à l'administration du souverain, comme aucune » personne habitant le territoire ne peut être » soustraite à sa surveillance ni à son autorité. La » souveraineté est indivisible. Elle cesserait de l'être » si les portions d'un même territoire pouvaient être » régies par des lois qui n'émaneraient pas du même » souverain. »

Il semble bien résulter de là que Portalis ne rangeait parmi les lois réelles que des lois d'ordre public; car c'est, quoique en en employant parfois des expressions inexactes, par des raisons d'intérêt général, qu'il justifie l'existence de semblables lois (1).

Si Portalis avait compris sous le titre de lois réelles toutes les règles qui figuraient jadis dans le statut réel, il en eût donné d'autres motifs; on ne saurait dire, en effet, que tout ce qui concerne les immeubles intéresse l'ordre public; sans cela, la capacité d'acquérir ou d'aliéner les immeubles devrait être régie par la loi territoriale.

Nous croyons donc que, dans la pensée de Portalis, l'article 3 n'impliquait nullement la consécration de la théorie des statuts. Et nous pourrions en dire autant pour le tribun Grenier qui voyait dans notre texte des principes « sans lesquels il serait impossible d'organiser un ordre social » (2).

Quant au tribun Faure qui, dans son discours au Corps législatif, présentait l'article 3 comme contenant « les principales bases d'une matière connue dans le droit sous le titre de statuts personnels et de statuts réels », nous ferons observer qu'il ne parle pas d'un renvoi à la théorie des statuts, mais seulement de l'adoption des « principales bases » de cette théorie, et que, d'autre part, son langage manque complètement de précision. Il dit, en effet, dans les

(1) Despagnet, *loc. cit.*, p. 498.
(2) Rapport fait au nom de la section de législation du Tribunat. (Fenet, t. VI, p. 374. Locré, t. 1, p. 601.)

termes les plus généraux, que tous les biens situés en France sont régis par la loi française, et il paraît avoir du statut personnel une conception assez étrange, car il s'exprime ainsi : « Quant au statut personnel, on distingue entre les lois qui règlent l'état et la capacité des personnes et celles qui concernent la police et la sûreté du pays » (1).

Il n'est donc pas démontré que le législateur, en écrivant l'article 3, a voulu consacrer la théorie des statuts. De l'obscurité des travaux préparatoires, il semble plutôt résulter que les rédacteurs du Code civil ont songé simplement à formuler quelques principes généraux. Peut-être ont-ils pu croire que les règles qu'ils avaient posées suffiraient. En effet, grâce à l'unité de législation, les conflits de coutumes, si fréquents jadis, ne pouvaient plus s'élever; et, quant aux conflits entre législations d'états différents, on n'y songeait guère à cette époque d'hostilités continuelles. Les relations internationales étaient beaucoup moins développées qu'aujourd'hui, et le temps n'était pas favorable aux idées de justice et de communauté de droit qui doivent être la base du droit international privé. La preuve pourrait s'en trouver dans le dernier alinéa de l'article 3 qui déclare bien qu'en matière d'état et de capacité les Français sont régis en tout lieu par leur loi nationale, mais ne dit pas un mot des étrangers pour lesquels il était cependant si naturel de formuler le même principe.

(1) Fenet, t. VI, p. 385. Locré, t. I, p. 612.

Nous arrivons donc à cette conclusion ; ni le texte, ni les travaux préparatoires de l'article 3 ne nous obligent à aller chercher la solution des conflits de lois dans la théorie des statuts, et aucune autorité législative ne s'attache aux règles souvent si incertaines qu'avaient acceptées nos anciens auteurs. Et peu importent les raisons qui ont pu déterminer les rédacteurs du Code civil : qu'ils aient craint, en consacrant la théorie des statuts, de voir se renouveler toutes les discussions de jadis, qu'ils aient pensé que les trois principes qu'ils avaient admis seraient désormais suffisants, ou qu'ils aient simplement reculé devant la difficulté de réglementer une matière aussi délicate, il n'en reste pas moins que l'ancienne doctrine ne s'impose plus à nous que dans la mesure où elle a été acceptée formellement par le législateur (1).

Or, nous avons vu que deux seulement de ses règles ont été reproduites dans l'article 3 : elles sont contenues dans les deux derniers alinéas de ce texte. Sans doute ce sont bien là, comme le disait le tribun Faure, « les principales bases » de la théorie des statuts. L'état et la capacité des personnes étaient l'élément essentiel du statut personnel comme les lois relatives à la condition des immeubles occupaient dans le statut réel la place la plus importante. Mais c'est tout : nous ne sommes liés que par les

(1) Despagnet, *loc. cit.*, p. 495. Weiss, *Traité élémentaire de droit international privé*, deuxième édition, p. 270 et suivantes. Durand. *Essai de droit international privé*, p. 251.

L.                          4

dispositions expresses du Code civil : sur tous les points qu'il n'a pas prévus, nous sommes libres de suivre l'opinion qui nous semblera la plus rationnelle.

Ce n'est pas cependant une raison pour répudier les expressions *statut personnel, statut réel*. Elles sont, au contraire, employées couramment par les auteurs. Mais il faut bien se garder de leur donner le sens qu'elles avaient autrefois. Nous restreindrons donc le statut personnel aux lois qui règlent la condition des personnes, et le statut réel aux lois qui règlent la condition des biens.

Mais nous avons déjà dit que telle n'est pas l'opinion qui l'a emporté en doctrine et en jurisprudence. On admet généralement que l'article 3, à part la substitution de la loi nationale à la loi du domicile pour régir le statut personnel, est la consécration de la théorie traditionnelle des statuts (1). On verra plus loin à quels résultats conduit cette interprétation : signalons, dès maintenant, un manque de logique qui en est la condamnation même.

Sous l'effort de d'Argentré, la théorie des statuts avait fini par se réduire à la division de toutes les lois en deux classes : les statuts réels et les statuts

_____

(1) M. Lainé observe, avec raison, qu'il ne faudrait pas parler de « théorie traditionnelle », car cette expression pourrait faire croire que la théorie des statuts n'a jamais varié et a toujours été telle que l'exposent nos auteurs du XVIIIᵉ siècle. (Etude sur le titre préliminaire du projet de révision du Code civil belge. *Bulletin de la Société de législation comparée*, Année 1890, p. 334).

personnels, et nous savons les difficultés insurmontables qu'avait engendrées un pareil système. Si l'ancienne doctrine est reproduite par le Code civil, sa règle fondamentale ne saurait être écartée. Aujourd'hui encore, toutes les lois devraient constituer des statuts réels ou des statuts personnels; et la réalité devrait être la règle, la personnalité l'exception.

On a reculé devant cette conséquence : c'est ainsi que MM. Aubry et Rau, qui acceptent l'interprétation généralement admise de l'article 3, proposent, du statut réel et du statut personnel, des définitions qui ne ressemblent en rien à celles que donnaient nos anciens jurisconsultes : « Cette classification, disent-ils, soigneusement restreinte aux lois qui ont réellement pour objet de régler, soit l'état et la capacité des personnes, soit le régime légal des biens considérés en eux-mêmes, et indépendamment de la condition personnelle de leurs possesseurs, nous paraît de nature à donner des résultats à la fois certains et rationnels » (1). Rien de plus exact, mais aussi rien de plus inconciliable avec la théorie que l'on prétend reproduire.

De même M. Lainé, qui se croit lié par les travaux préparatoires et notamment par les déclarations du tribun Faure, n'accepte pas, pour cela, toutes les décisions admises par notre ancienne jurisprudence. Pour lui, les « principales bases » de la théorie des statuts ont seules été consacrées par le Code civil, et

(1) Aubry et Rau. *Cours de droit civil français*, 4ᵉ édition, t. I, p. 82, n° 8.

il repousse, par suite, la division de toutes les lois
en deux classes, et le principe que la réalité est la
règle, la personnalité l'exception (1). Mais, outre qu'il
est assez difficile de déterminer exactement quelles
étaient ces « principales bases », nous avons vu
que le fondement de la théorie des statuts, telle
qu'elle avait fini par être acceptée en France, était
précisément la division de toutes les lois en deux
classes et la règle de la territorialité du droit. Et
nous ne comprenons pas comment après avoir mis
très nettement ce point en lumière, on peut dire que
l'on accepte les « principales bases » de la théorie des
statuts quand on repousse les deux principes essentiels sur lesquels elle reposait.

Ce n'est pas d'ailleurs le seul point sur lequel les
auteurs et les tribunaux ont dû abandonner les
règles de la théorie des statuts : et il faut reconnaître,
qu'étant donnés les résultats auxquels avait abouti
l'ancienne doctrine, il n'en pouvait guère être autrement. Mais ce sont là des inconséquences qui montrent combien l'on a senti, de toutes parts, les inconvénients de l'interprétation généralement donnée
à l'article 3, et qui suffiraient presque à la faire
rejeter.

(1) Lainé, *loc. cit.*, p. 337.

# CHAPITRE IV

---

## Du statut personnel.

Nos anciens auteurs, obligés de faire rentrer toutes les lois dans la division bipartite, avaient compris dans le statut personnel des matières qui n'ont aucun rapport avec la condition des personnes. C'est ainsi que certains y faisaient figurer les règles relatives à la forme des actes ou encore la règle *Mobilia sequuntur personam*. Nous avons vu, d'autre part, la confusion qui s'était établie jadis entre les statuts personnels et les lois extraterritoriales.

Pour se faire une idée exacte du statut personnel, il faut laisser de côté ce système dont les défauts ont été exposés plus haut : et c'est, du reste, ce que l'on a compris de nos jours. Le statut personnel doit être rigoureusement restreint aux lois relatives à la condition juridique des personnes, c'est-à-dire aux lois qui régissent l'état et la capacité, et qui gouvernent les rapports de famille. C'est du statut personnel ainsi compris que nous allons parler maintenant.

## SECTION I

### DE LA LOI QUI DOIT RÉGIR LE STATUT PERSONNEL

Nous savons que ce fut en matière d'état et de capacité que l'on porta la première atteinte au principe féodal de la souveraineté des coutumes. L'impossibilité de se référer toujours en pareil cas à la loi territoriale et de laisser l'état et la capacité des personnes varier avec les coutumes sur le territoire desquelles elles se transportaient, apparut de bonne heure. Et l'idée de l'exterritorialité de ces lois qui doivent s'attacher à la personne et la suivre en tout lieu, mise en lumière par l'école italienne, finit, malgré bien des obstacles par être définitivement acceptée. Il faut donc s'attacher en cette matière à une loi unique. Mais quelle est cette loi ?

Dans notre ancien droit, on s'était toujours prononcé pour la loi du domicile. En effet, la ruine de la féodalité au point de vue politique et le triomphe du pouvoir royal n'avaient pas eu pour conséquence l'unité de législation. Les coutumes conservèrent donc toute leur autorité et le statut personnel fut régi par la coutume du domicile. On sait, d'ailleurs, qu'en cas de changement de domicile c'était, en général, à la loi du domicile actuel et non à celle du domicile d'origine que l'on s'attachait.

Aujourd'hui, la situation n'est plus la même et l'adoption de la loi nationale s'impose : c'est à elle que se réfère l'article 3 du Code civil.

Nous ne reproduirons pas toutes les raisons, si souvent données, qui doivent faire préférer la loi nationale à la loi du domicile. Sans doute, le domicile d'une personne est, en général, le siège de ses intérêts : et l'on comprend que, par suite, le législateur lui attribue une certaine importance, par exemple pour la compétence judiciaire ou pour l'acquisition de la nationalité. Mais on ne saurait admettre que l'état et la capacité dépendent de la loi du domicile. N'est-ce pas, en effet, des nationaux que se préoccupe surtout le législateur quand il réglemente cette matière ? N'est-ce pas à eux, à leurs mœurs, aux qualités de leur race, au climat de leur pays, qu'il songe principalement ? Mieux faite que la loi du domicile en vue de la personne, inspirée à un plus haut degré par ses intérêts et par ses besoins, plus stable aussi et donnant lieu à des difficultés moins fréquentes, la loi nationale est de plus en plus acceptée comme devant régler le statut personnel. C'est dans ce sens que s'est prononcé, en principe, l'Institut de droit international, dans sa session d'Oxford, en 1880.

C'est donc à la loi nationale que l'on doit avoir recours pour régler la condition juridique de la personne. Il n'y aura lieu de s'adresser à la loi du domicile que lorsque la personne dont il s'agira n'aura aucune nationalité certaine ou bien en aura plusieurs, ou encore lorsque le pays auquel elle appartient ne possèdera pas l'unité de législation, la situation étant alors la même que dans notre ancien droit.

L'article 3 du Code civil se prononce formellement en faveur de la loi nationale. Après la Révolution, il ne pouvait en être autrement et le principe
nouveau semble avoir été admis sans la moindre
discussion. Malheureusement, le texte qui le consacre n'a pas été rédigé avec toute la précision désirable et son insuffisance a donné lieu à de graves
difficultés. Pour bien nous en rendre compte, nous
distinguerons entre le statut personnel des Français
et le statut personnel des étrangers.

I. — L'article 3, dans son dernier alinéa, décide que
l'état et la capacité des Français, résidant en pays
étranger, sont régis par la loi française. On admet,
d'ailleurs, que les modifications apportées à l'état et
à la capacité des Français, par des jugements éma-
nés des tribunaux de notre pays, ont aussi un effet
extraterritorial.

Cette disposition de notre loi ne saurait évidemment lier les tribunaux étrangers. Elle revient
simplement à dire que l'état et la capacité de nos
nationaux doivent, même pour les actes qu'ils ont
pu accomplir en pays étranger, être appréciés, en
France, d'après la loi française.

Le Code civil se réfère, en pareil cas, à la loi nationale; et cependant la loi du domicile avait acquis
jadis une telle puissance que certains auteurs n'ont
pu se résoudre à l'abandonner complètement. C'est
ainsi qu'on a soutenu que l'article 3, ne parlant que
des Français « résidant » en pays étranger, le statut
personnel des Français « domiciliés » en pays étranger

devait être régi par la loi étrangère (1). Mais cette
opinion qui repose sur une interprétation beaucoup
trop étroite de la formule employée par le législateur, est aujourd'hui universellement rejetée.

II. — Les rédacteurs du Code civil qui ont cru
devoir s'expliquer formellement sur le statut personnel des Français, ont gardé le silence le plus complet
sur les règles qu'il convenait d'appliquer aux étrangers en pareille matière. Faut-il en conclure que
l'étranger résidant en France ne pourra jamais invoquer sa loi personnelle et que le seul fait, pour lui,
de se trouver dans notre pays, l'obligera à accepter
toutes les dispositions de la loi française ? Ce système
qui nous ramènerait au principe de la territorialité
absolue des lois n'a certainement pas été consacré par
notre législateur.

L'article 3 soumet les étrangers résidant en France
aux lois de police et de sûreté et aux lois qui organisent la propriété immobilière. Le silence de ce texte
à l'égard de leur statut personnel semble montrer
l'intention du législateur de ne pas les soumettre
sur ce point à la loi française. Cette volonté s'est,
d'ailleurs, clairement manifestée dans les travaux
préparatoires.

Nous avons vu, en effet, les modifications succes-
sives qu'a subies l'article 3, avant d'arriver à sa rédaction définitive : à plusieurs reprises, on exprima la
pensée qu'il ne fallait pas imposer aux étrangers la

_____

(1). Demangeat. *Revue Pratique*, t. I. p. 65.

loi française pour leur état et leur capacité. L'intention de notre législateur est donc évidente : en ce qui concerne leur statut personnel, les étrangers sont régis par leur loi nationale.

Il est très regrettable, cependant, que le Code ne contienne pas une disposition formelle à cet égard et l'on va voir combien cette lacune a eu des conséquences fâcheuses.

Tout d'abord, et sous l'empire des idées anciennes, on a attribué au domicile une importance qu'il n'a plus. Et, par suite d'une interprétation erronée de l'article 13, on a prétendu que l'étranger autorisé par le gouvernement à établir son domicile en France était régi par la loi française, même pour son état et sa capacité (1). Cette opinion est aujourd'hui abandonnée; mais, sur un autre point, les difficultés soulevées par le silence du législateur sont loin d'avoir été définitivement résolues.

L'application de la loi étrangère peut, en effet, présenter dans certains cas un inconvénient grave. Ainsi, un étranger, capable d'après la loi française mais incapable d'après la loi de son pays, contracte avec un Français. Peut-il invoquer sa loi personnelle pour faire tomber la convention à laquelle il a pris part ?

La question n'est pas nouvelle et les auteurs de l'école italienne s'en étaient déjà préoccupés. De nos jours, plusieurs opinions se sont produites.

(1) Demangeat sur Fœlix, t. I, p. 58 et 105.

Sans aller jusqu'à dire que, dans ses rapports avec un Français, l'étranger ne pouvait jamais se prévaloir de sa loi nationale (1), on a soutenu que cette loi ne devait point recevoir application toutes les fois qu'il en résulterait un préjudice pour un Français (2). La jurisprudence avait d'abord adopté ce système, mais, depuis, elle s'est ralliée à un autre, qui est, aujourd'hui encore, accepté par la majorité des auteurs. L'étranger ne peut invoquer son statut personnel toutes les fois qu'il est établi que le Français avec lequel il a traité n'a commis aucune imprudence (3). On a pensé qu'il était impossible, en pareil cas, de faire subir au Français les conséquences d'une loi dont il ignorait les dispositions et à l'application de laquelle il ne pouvait s'attendre, avec la plus entière bonne foi. En réalité on abandonne ainsi la question à l'arbitraire des tribunaux (4).

Les arguments que l'on fait valoir à l'appui de cette solution sont d'une faiblesse extrême : ils nous conduisent presque à la théorie de la « *comitas gentium* » qui prétend faire de l'intérêt la base du droit international. Déjà, au XIVᵉ siècle, Rochus Curtius avait rejeté cette manière de voir et nous ne croyons pas qu'elle ait été acceptée par notre législateur. S'il a gardé le silence sur la question qui nous occupe,

(1) Mailher de Chassat. *Traité des Statuts*, nᵒ 236.
(2) Valette sur Proudhon. *Traité de l'état des personnes*, t. 1, p. 83 et suiv. Demangeat. *Histoire de la condition des étrangers*, p. 373.
(3) Cass., 16 janvier 1861. D. P. 61, 1, 193. Paris, 8 février 1883. D. P. 84, 2, 24.
(4) Aubry et Rau, t. I, p. 92 et suiv. Demolombe, t. I, nᵒ 102.

rien ne permet de croire, ainsi qu'on l'a affirmé, que c'était pour laisser aux tribunaux une certaine latitude dans l'appréciation du statut personnel des étrangers. D'ailleurs si l'on admet que le statut personnel des étrangers est régi en principe par leur loi nationale on ne peut, en l'absence de tout texte, apporter à cette règle des exceptions aussi arbitraires. Il faudra donc se référer, toujours en pareil cas, à la loi nationale des étrangers sous les seules restrictions que nous impose l'ordre public et qui seront indiquées plus loin (1).

Mais il peut arriver que la loi étrangère renvoie à la loi française. Ainsi il s'agit d'un étranger domicilié en France et d'après la loi nationale duquel l'état et la capacité sont réglés par la loi du domicile. Faudra-t-il appliquer à cet étranger les dispositions de notre Code civil ?

Malgré plusieurs décisions judiciaires et sans entrer dans les détails de la controverse qui s'est élevée sur ce point, disons que, pour nous, l'application de la loi étrangère ne saurait souffrir aucune difficulté. Quand la loi française décide qu'un conflit doit être résolu d'une certaine manière, elle n'entend nullement s'en remettre à la volonté d'un législateur étranger (2). Comme le dit très bien M. Labbé « il appartient au législateur, sous l'autorité duquel est

---

(1) Despagnet, *op. cit.*, n° 363. Laurent, *Principes de droit civil,* t. I, n° 84 et suivants. En ce sens tribunal de la Seine, 2 juillet 1878 (*Journal du droit international privé,* 1878, p. 502.)

(2) Laurent. Sir. 1881, 4 41. Despagnet, *op. cit.* n° 158.

placé le juge saisi d'une affaire, de déterminer la loi applicable à la cause. Lorsqu'il a désigné une loi étrangère pour la solution d'une question, le juge n'a plus à demander au législateur étranger quelle est la loi applicable: il le sait. Il n'a plus qu'à emprunter à cette loi la solution de la question du procès... » (2).

## SECTION II

### DOMAINE DU STATUT PERSONNEL

Nous avons défini le statut personnel : l'ensemble des lois relatives à la condition juridique des personnes, c'est-à-dire des lois qui régissent l'état et la capacité et qui gouvernent les rapports de famille.

Le statut personnel doit comprendre tout d'abord les lois qui règlent l'état et la capacité des personnes. On a essayé, à cet égard, de revenir à une des restrictions que d'Argentré avait fait subir jadis au statut personnel. Nous avons vu que le jurisconsulte breton soutenait que le statut, pour être personnel, devait affecter la personne « *generaliter* ». Par suite, le statut qui visait la capacité non dans son ensemble, mais sur un point particulier, par exemple le statut qui permettait au mineur de tester ou défendait à la femme de se porter caution confor-

---

(2) Labbé. *Du conflit entre la loi nationale du juge saisi et une loi étrangère relativement à la détermination de la loi applicable à la cause* (*Journal du droit international privé*, 1885, p. 16).

mément au sénatus-consulte Velleien, ne devait recevoir d'effet que dans les limites de son territoire (1).

Cette opinion doit être repoussée pour deux motifs : d'abord parce qu'elle n'a de raison d'être que si l'on admet le principe de la territorialité des lois avec le caractère qu'il avait dans notre ancien droit ; et en second lieu, parce qu'on ne voit pas pourquoi il faudrait distinguer suivant que la loi vise la capacité dans son ensemble ou ne l'affecte que sur un point spécial : il n'en est pas moins certain que dans les deux cas elle est également relative à la condition des personnes, et doit, par suite, figurer au même titre dans le statut personnel (2).

L'état et la capacité ne sont pas les seuls éléments du statut personnel. On doit y comprendre encore toutes les lois qui ont trait à la condition juridique des personnes, les lois qui organisent la famille et réglementent les rapports qui dérivent de la parenté. Nous ferons donc rentrer dans le statut personnel non seulement les lois qui régissent la capacité de contracter mariage, de divorcer, d'adopter ou d'être adopté, de reconnaître et de légitimer un enfant naturel, mais encore les lois qui déterminent les effets du mariage ou de l'adoption, et organisent la puissance maritale ou la puissance paternelle. Dans toutes ces hypothèses, c'est de la personne que

(1) Fœlix. *Op. cit.*, t. I, pages 43 et 64.
(2) Despagnet. *Op. cit.*, n° 365.

s'occupe le législateur, c'est elle seule qu'il a en vue.

Il arrive parfois, cependant, que ces lois touchent accessoirement aux biens. Ainsi, l'article 384 du Code civil, accorde au père, et, après la dissolution du mariage, au survivant des père et mère, un droit d'usufruit sur les biens de leurs enfants jusqu'à l'âge de dix-huit ans ou jusqu'à l'émancipation qui pourrait avoir lieu avant cet âge. Dans notre ancien droit, toute loi qui touchait aux immeubles rentrant dans le statut réel, c'était dans le statut réel que l'on rangeait les coutumes qui admettaient un semblable usufruit. Aujourd'hui, cette solution ne saurait être admise : il ne s'agit nullement ici de la condition des biens, il ne peut donc être question du statut réel.

Si, sur ce point, on se prononce généralement dans le sens que nous avons indiqué (1), il n'en est pas toujours de même. Et l'interprétation qu'ils ont donnée de l'article 3 du Code civil a conduit les auteurs et les tribunaux à des solutions qui sont en contradiction certaine avec les vues du législateur. Voyant dans la règle « les immeubles, même ceux possédés par des étrangers, sont régis par la loi française », la reproduction du statut réel, tel qu'on l'entendait autrefois, ils ont été amenés à ranger dans le statut

(1) Cass., 14 mars 1877. S. 78. 1. 125, et Cass., 13 janvier 1873. S. 73. 1. 13. Demolombe, I. n° 88 et VI, n° 486. Aubry et Rau, I, p. 85, n° 18.

réel des lois faites évidemment en vue de la personne, mais qui touchaient accessoirement aux biens.

Ainsi les lois qui organisent la protection des incapables doivent très certainement être classées dans le statut personnel : elles se réfèrent, en effet, au plus haut degré, à la condition juridique des personnes. Mais, parmi les mesures de protection qu'elles édictent, il en est qui consistent dans des sûretés réelles : notamment la loi française accorde une hypothèque légale à la femme mariée, au mineur et à l'interdit. De pareilles dispositions peuvent-elles rentrer dans le statut personnel ?

Cela paraît impossible à beaucoup d'auteurs qui se croient obligés de ranger dans le statut réel toutes les lois qui ont un rapport quelconque avec les immeubles (1). Mais, pour nous, la question ne saurait faire de doute. L'hypothèque légale étant la garantie de la protection accordée aux incapables, doit dépendre de la loi qui organise cette protection. Il ne s'agit pas ici de statut réel : la condition juridique des biens n'est nullement en jeu. Il n'y aura lieu de se référer à la loi territoriale que lorsqu'il sera question de l'organisation même du régime hypothécaire, par exemple, comme nous le dirons plus loin en ce qui concerne les conditions de publicité qui peuvent être exigées et qui intéressent le crédit public (2).

(1) Troplong. *Hypothèques*, t. II, n°s 429 et 513 *ter*. Rodière et Pont, *Contrat de mariage*, t. I, 174.
(2) Despagnet, *op. cit*, n° 640.

Nous ne pouvons entrer dans le détail de toutes les matières qui doivent être comprises dans le statut personnel : nous nous sommes borné à indiquer les principes généraux qui le gouvernent. On a vu combien les lacunes du Code civil avaient donné lieu, en cette matière, à de graves difficultés.

Le statut personnel ne doit comprendre que les lois qui visent la condition des personnes : mais dans cette mesure il doit avoir un effet extraterritorial : il doit s'imposer partout. On sait quelles restrictions arbitraires notre jurisprudence, sous l'empire des souvenirs de notre ancien droit et à la faveur du silence du Code civil, a voulu apporter à ce principe. Cette tendance s'est encore manifestée d'une autre manière.

Il est universellement admis que l'application de toute loi étrangère doit cesser, quand l'ordre public dans le pays où elle est invoquée se trouve mis en cause : en pareil cas la loi territoriale ne saurait être écartée. Cette règle est acceptée par tous, mais, dans la pratique, elle soulève les difficultés les plus ardues. C'est qu'en effet l'expression « ordre public » est assez vague et la formule « lois de police et de sûreté » qu'emploie l'article 3, n'est pas beaucoup plus précise. Ce n'est pas ici le lieu de rechercher ce qu'il convient d'entendre par « ordre public ». Mais nous devons signaler l'abus que nos tribunaux ont fait parfois de cette idée.

La question se trouvant abandonnée à leur appréciation, ils ont invoqué des considérations d'ordre public dans des hypothèses où la nécessité d'appliquer la loi territoriale ne se faisait nullement sentir. Ainsi, il a été jugé qu'un Anglais peut, en France, légitimer ses enfants naturels par mariage subséquent, malgré les dispositions de sa loi personnelle (1). Cette solution nous paraît inacceptable. Sans doute la légitimation a été consacrée par notre législateur dans un but de moralité, pour réduire autant que possible le nombre des unions irrégulières : mais c'est exactement dans le même but que la loi anglaise a adopté le système opposé. D'ailleurs notre loi n'impose pas la légitimation : elle la refuse même quand l'enfant n'a été reconnu qu'après la célébration du mariage : on ne voit donc pas quel trouble social pourrait résulter de l'impossibilité où se trouverait un étranger de légitimer ses enfants naturels (2).

Il faut bien se garder de pareilles exagérations car on en arriverait ainsi à ruiner, en fait, les règles les plus certaines du droit international.

(1) Cass., 22 novembre 1857. D. P. 57, 1, 423; Rouen, 5 janvier 1887. S. 88, 2, 75.

(2) Despagnet, *op. cit.*, n° 443. Duguit, *Du conflit des lois en matière de filiation. Journal du droit international privé*, 1886, p. 515. Weiss, *op. cit.*, p. 560.

# CHAPITRE V

## Du Statut réel.

───

### SECTION I

#### GÉNÉRALITÉS

Nous avons vu l'importance excessive qu'avait prise le statut réel dans notre ancien droit. Au xviii<sup>e</sup> siècle encore, tous les auteurs, à l'exception de Bouhier, lui accordaient une place prépondérante : dans le doute, tout statut était considéré comme réel.

Une telle conception du statut réel ne pourrait, aujourd'hui, se justifier par aucune bonne raison, car l'état social dont elle était née a depuis longtemps disparu. Pour nous, le statut réel ne doit comprendre que les lois relatives à la condition juridique des biens. Mais, dans cette mesure, nous ne distinguerons pas entre les meubles et les immeubles. Nos anciens auteurs n'avaient pas admis cette manière de voir : pour eux le statut réel était, à vrai dire, le statut des immeubles. C'était là une conséquence naturelle des idées féodales et on se l'explique facilement si l'on songe au rôle capital qu'avait joué la propriété immobilière durant une longue phase de notre histoire. La loi de la situation s'était imposée, pour les immeubles, avec une telle force, qu'on l'avait appliquée dans tous les cas où il était question, même accessoirement, de biens de cette nature.

Il n'en fut pas ainsi pour les meubles. Leur importance était beaucoup moindre et l'application de la loi de la situation présentait d'ailleurs de graves difficultés. On imagina alors de considérer les meubles comme situés au lieu du domicile de leur propriétaire et de les faire régir par la coutume de ce lieu. Nous savons comment la règle « *Mobilia sequuntur personam* » prit naissance, quelle portée elle acquit peu à peu, et le caractère différent qu'elle revêtit suivant les divers jurisconsultes.

Au point de vue où nous nous sommes placé, une distinction entre les meubles et les immeubles ne saurait être admise. Le statut réel ne doit comprendre que les règles relatives à la condition juridique des biens, mais il doit les comprendre toutes. Qu'il s'agisse de l'organisation de la propriété mobilière ou de l'organisation de la propriété immobilière, dans les deux cas, la loi territoriale s'impose.

Du reste, nos anciens auteurs l'avaient reconnu. Pour justifier la règle « *Mobilia sequuntur personam*», ils affirmaient bien que les meubles ne peuvent pas être considérés comme ayant une situation véritable.

Et cependant, en bien des hypothèses, l'impossibilité d'appliquer cette règle les avait obligés à se référer à la « *lex rei sitûs* », à la loi du lieu où les meubles se trouvaient matériellement.

Nous ferons donc figurer dans le statut réel toutes les règles relatives à la condition des biens, meubles ou immeubles. Et si nous nous écartons sur ce premier point de la théorie admise dans notre ancien droit, nous avons déjà dit qu'il en est un autre sur lequel elle doit être également repoussée. Pourquoi, en effet, ranger dans le statut réel toutes les lois qui ont un rapport quelconque avec les immeubles ? Si un tel système pouvait se comprendre à l'époque féodale, il n'aurait plus aujourd'hui aucune raison d'être. Il aurait dû disparaître dès que la féodalité fut vaincue : il subsista, mais il était dès lors contraire à la nature même des choses : maintenant, il serait en opposition manifeste avec l'ordre politique issu de la Révolution.

Le Code civil ne contredit nullement cette façon d'envisager le statut réel. L'article 3, décide bien, dans son deuxième alinéa, que les immeubles, même ceux possédés par des étrangers, sont régis par la loi française. Mais, comme nous l'avons déjà dit, cela peut parfaitement s'entendre des lois qui règlementent la propriété foncière. Quant aux meubles, l'article 3 n'en parle pas. Qu'en faut-il conclure ? Dans l'opinion qui a triomphé en doctrine et en jurisprudence, le législateur a voulu ainsi reproduire le principe fondamental du statut réel, tel qu'on le concevait jadis. Nous allons voir les résultats regrettables auxquels cette interprétation aboutit : nous verrons aussi que ses partisans n'ont pas toujours été conséquents avec eux-mêmes, et qu'ils ont parfois violé la tradition qu'ils prétendaient respecter.

## SECTION II

### DES MEUBLES

L'article 3 ne dit pas un mot des meubles. Le titre IV du Livre préliminaire du projet du Code civil contenait, au contraire, un texte portant que le mobilier du Français résidant en pays étranger était régi par la loi française, comme sa personne. Cette disposition ne se retrouve pas dans le projet de titre préliminaire rédigé par la section de législation du Conseil d'Etat. Pour combler cette lacune, Tronchet proposa une nouvelle rédaction de l'article 3 : « La loi (française) régit les propriétés foncières situées sur le territoire de la France, les biens, meubles et la personne des Français. » Mais ce texte ne fut pas adopté et jamais plus, dans les travaux préparatoires on ne trouve qu'il fut question des meubles.

Comment expliquer le silence de notre loi ? Pour nous, il n'est nullement démontré que les rédacteurs du Code civil ont voulu se référer aux règles admises par notre ancienne jurisprudence. Il semble plutôt qu'ils n'ont pas voulu statuer expressément sur une matière aussi délicate et qui avait soulevé jadis de si vives discussions (1). Il ne faut pas oublier non plus qu'au début de ce siècle la fortune mobilière était loin de l'importance qu'elle a acquise depuis; la nécessité d'une réglementation se faisait, par suite, beaucoup moins sentir que pour les immeubles. Quoi qu'il en soit, en l'absence d'un texte formel, les décisions reçues dans notre ancien droit ne s'imposent plus aujourd'hui.

Telle n'est pas, on le sait, l'opinion générale. Pour la jurisprudence et la majorité des auteurs, l'article 3 est la confirmation de la théorie des statuts et l'on doit s'en tenir aux règles que l'ancienne doctrine renfermait sur ce point. Mais les difficultés insurmontables auxquelles on se heurte alors, ont obligé ceux qui acceptent cette manière de voir à faire des restrictions. Ainsi, d'après M. Lainé, la théorie des statuts n'aurait été consacrée, sur la question qui nous occupe, qu'en ce qui concerne la règle relative aux successions mobilières (2). Quant à la jurisprudence elle établit une distinction entre les meubles considérés comme universalité et les meubles pris individuellement. Dans le premier cas elle se réfère à la loi du domicile du propriétaire, dans le second elle applique la *lex rei sitûs* (3). La transmission héréditaire des meubles sera donc régie par la loi du

(1) Brocher. *Op. cit.*, t. I, p. 95.
(2) Etude sur le titre préliminaire du projet de révision du Code civil belge. *Bulletin de la Société de législation comparée*, année 1890, p. 459.
(3 Cass. 19 mars 1872. S. 72, 1, 238. Rouen, 22 juillet 1873, D. P. 74, 2, 180.

domicile du propriétaire, tandis que l'article 2279 du Code civil, par exemple, aura effet pour tous les meubles qui se trouvent dans notre pays.

Cette distinction nous paraît inadmissible.

Tout d'abord, le système adopté par la jurisprudence ne trouve aucun fondement dans la tradition, sur laquelle on veut cependant le baser. Jamais nos anciens auteurs n'avaient ainsi distingué entre les meubles pris individuellement et les meubles considérés comme universalité.

La règle *Mobilia sequuntur personam* s'était fait jour au sujet du règlement des successions mobilières, mais elle fut peu à peu généralisée et finit par acquérir une portée absolue. Cette extension n'était guère justifiable : aussi la règle reçut-elle, en ce qui regarde les meubles individuels, de nombreuses exceptions. Cependant elle n'en subsista pas moins en principe et son existence ne fut pas purement théorique. Ainsi Boullenois dit formellement que « les droits de privilège et d'hypothèque sur les meubles sont régis par la loi du domicile du débiteur » (1). La distinction absolue faite par la jurisprudence est donc contraire à la tradition.

Et quel argument pourrait-on faire valoir en faveur de ce système ? Les décisions judiciaires qui le consacrent n'invoquent aucune raison décisive et sont, à vrai dire, dénuées de motifs (2).

(1) Boullenois. *Traité de la personnalité et de la réalité des loix, coutumes ou statuts*, t. I, p. 339 et 340. *Adde* Pothier, *Traité de la prescription*, n° 251.

(2) Voyez notamment Douai, 11 décembre 1891. *Journal du droit international privé*, 1892, p. 932.

La vérité c'est que, dans les hypothèses où il est question de meubles considérés individuellement, les tribunaux ont cédé à des considérations d'ordre public.

Mais, en ce qui concerne les meubles considérés comme universalité, rien ne saurait justifier aujourd'hui la solution acceptée dans notre ancien droit. Pourquoi, notamment, faire dépendre de la loi du domicile, la dévolution successorale des meubles ? Comme nous le dirons plus loin, la loi nationale est mieux qualifiée que toute autre pour régler cette dévolution.

Nous repoussons donc le système admis par la jurisprudence relativement aux meubles. Fondé sur une fausse interprétation de la loi et sur une appréciation inexacte de la tradition il nous parait absolument inacceptable.

## SECTION III

### DES IMMEUBLES

En ce qui concerne les immeubles, l'article 3 contient une disposition formelle : « Les immeubles, même ceux possédés par des étrangers, sont régis par la loi française. » Quelle est la portée de ce texte ?

Nous avons vu quelle était, dans notre ancien droit, l'importance de la propriété foncière. Pour tout ce qui la touchait, la loi territoriale s'était

imposée et on en était venu à ranger dans le statut
réel toutes les règles légales ayant un rapport quelconque avec les immeubles.

Mais aujourd'hui, il n'en est plus de même et les
idées admises sur ce point par nos vieux auteurs
seraient en contradiction avec l'état social et économique de la France de nos jours. Sans doute, il est
certaines matières où la loi territoriale doit seule
recevoir application : on ne concevrait pas qu'une
autre loi vint régler l'organisation de la propriété
foncière. Mais de là à la conception du statut réel,
telle qu'on l'avait acceptée jadis, il y a un abîme (1).
L'ordre politique ne repose plus sur la propriété
immobilière. Les derniers souvenirs de la féodalité
ont disparu avec la Révolution. Serait-il possible de
maintenir cette notion du statut réel qui fut la conséquence du régime féodal et qui n'aurait pu se
comprendre sans lui ?

Et cependant, s'il faut s'en rapporter à l'opinion
générale, c'est ce système que notre législateur aurait
voulu consacrer. Tout ce qui touche à la propriété
immobilière devrait être régi par la loi territoriale.
Cela, dit-on, résulte jusqu'à l'évidence de cette disposition si large et si nette : « Les immeubles, même
ceux possédés par des étrangers, sont régis par la
loi française. » C'est le principe même de l'ancien
statut réel que les rédacteurs de l'article 3 auraient
ainsi voulu reproduire (2).

(1) Bertauld. *Questions pratiques et doctrinales de Code Napoléon*, t. I,
p. 49 et suivantes.
(2) Barde. *Op. cit.*, p. 99 et suivantes.

Nous avons déjà dit ce qu'il fallait penser de cette interprétation. Nous ne reviendrons pas sur les raisons qui nous ont déterminé à croire que l'article 3 du Code civil n'était aucunement un renvoi à la théorie des statuts. La règle qu'il édicte relativement aux immeubles peut très bien signifier que, en ce qui concerne l'organisation de la propriété foncière, la loi territoriale devra être seule appliquée, règle d'ailleurs très exacte et qui se justifie d'elle-même.

Mais, pourquoi chercher autre chose dans ce texte? Pourquoi attribuer à ses termes un sens qu'ils ne peuvent avoir et faire ainsi revivre l'ancien statut réel avec son excessive portée? On invoque les travaux préparatoires : nous les avons déjà examinés et nous ne reprendrons pas cette discussion. Nous voulons seulement dire à quels résultats a conduit cette manière de voir.

Dans la théorie des statuts, toutes les lois touchant aux immeubles sous un rapport quelconque, devaient être rangées dans le statut réel. Telle était du moins la doctrine de d'Argentré. Et si elle ne fut pas acceptée sur tous les points, l'idée essentielle qui l'avait inspirée triompha, et le statut réel conserva le caractère que lui avait imprimé le jurisconsulte breton.

La jurisprudence n'est peut-être pas restée entièrement fidèle à la tradition. Nous ne nous arrêterons pas à toutes les solutions qu'elle a données en cette matière. Mais nous devons insister sur un point, de beaucoup le plus grave, celui qui a soulevé dans la doctrine les plus vives discussions.

Il s'agit de la transmission héréditaire des biens.
Quelle est la loi qui doit la régir? Quelle est la loi qui
va déterminer le nombre et la qualité des héritiers,
la quotité de la part à laquelle ils auront droit, la
mesure dans laquelle ils seront tenus du passif héréditaire? Et l'importance de la question ne se borne
pas là, car cette loi qui organisera la dévolution
successorale aura une plus grande portée. C'est elle,
notamment, qui dira si le défunt a pu disposer de
tout son patrimoine par des libéralités entre-vifs ou
testamentaires, et, au cas contraire, qui fixera la
portion des biens destinée à revenir à certains
parents.

La question est de la plus haute gravité; elle est
aussi très ancienne et nous avons vu que, déjà dans
l'école italienne, elle avait provoqué un long débat.
Mais, en France, il n'y eut guère de controverse. Un
système se forma de bonne heure qui fut accepté par
tous les juristes, sauf Cujas. Aux immeubles on
appliquait la loi de la situation. Pour les meubles
nous savons qu'on se référait à la loi du domicile du
défunt.

Nous avons dit comment ce système survécut à la
féodalité et les difficultés qu'éprouvèrent dès lors
nos anciens auteurs pour le justifier. Mais leurs
explications ne sont guère satisfaisantes. A la vérité,
cette manière de résoudre le conflit des lois en matière
de succession ne pouvait s'expliquer que sous la
féodalité. Quelle raison pourrait-on en donner aujourd'hui?

Laissons de côté pour le moment les successions mobilières. Pourquoi ranger la transmission héréditaire des immeubles dans le statut réel ? Jadis, cela se comprenait. Quand l'ordre politique reposait sur la propriété foncière, il était naturel que la loi de la situation s'appliquât toujours en pareil cas. On a soutenu qu'il devait en être de même encore aujourd'hui. La loi successorale, a-t-on dit, a un lien étroit avec l'organisation sociale, avec le régime économique (1). C'est ainsi que, dans notre ancienne France, le désir de conserver une aristocratie puissante avait fait admettre les substitutions au moyen desquelles les grandes fortunes pouvaient se maintenir intactes pendant plusieurs générations. Au lendemain de la période révolutionnaire, le Code civil condamna les substitutions dont le but était en opposition avec le nouvel ordre politique : tout au moins il les restreignit dans les plus étroites limites. Mais, avec la Restauration, la préoccupation de fonder une aristocratie de fortune reparut et la loi du 17 mai 1826 vint modifier en partie les dispositions du Code civil. L'organisation politique ayant encore changé, la loi du 7 mai 1849 revint au système du Code civil. On voit par là combien les lois qui touchent à la transmission des biens, subissent l'influence de la forme du gouvernement, et revêtent par suite un caractère politique qui doit leur assurer dans les bornes de leur territoire, une autorité absolue.

Ce raisonnement est loin d'être décisif.

(1) Demolombe, I, n° 91. Aubry et Rau, I, § 31, note 45.

Tout d'abord, il est bien certain que la loi successorale se rattache de très près au régime politique et aussi à la situation économique de chaque pays. Mais il n'en résulte nullement qu'elle soit d'ordre public international. Il est, en effet, beaucoup plus vraisemblable que le législateur n'a songé qu'à ses nationaux. La loi qu'il a édictée est faite pour eux et non pour les étrangers qui pourraient être propriétaires de biens situés sur ce territoire (1).

D'ailleurs si la loi qui régit la dévolution héréditaire était ainsi d'ordre public, on ne comprendrait pas pourquoi elle n'aurait ce caractère qu'en ce qui concerne les successions immobilières. Si l'ordre public ne permet pas d'appliquer une loi étrangère pour le règlement d'une succession immobilière d'une importance minime, pourquoi ne s'opposerait-il pas à l'aplication de cette même loi étrangère pour le règlement d'une succession mobilière d'une importance considérable ? (1).

Les lois successorales, à part quelques dispositions comme, par exemple, la prohibition des substitutions qui intéresse au plus haut degré le crédit public, ne peuvent donc pas être rangées parmi ces lois dont l'observation, dans le pays où elles ont été promulguées, s'impose à tous, aux étrangers comme aux

(1) Antoine. *De la succession légitime et testamentaire en droit international privé*, p. 69.

(1) Despagnet, *op. cit.*, n° 556. Aussi a-t-on proposé d'appliquer la loi territoriale, même aux successions mobilières. (Marcadé, 1, n° 78.)

nationaux. Comment alors justifier le système qui fait régir les successions immobilières par la « *lex rei situs* » ?

Nos anciens auteurs se prononçaient pour le statut réel parce qu'il s'agissait d'une loi ayant pour objet les immeubles. Mais c'est là un motif qui ne saurait avoir aujourd'hni la moindre valeur : car, poussé à bout, il conduirait à des conséquences que tout le monde rejette, il aboutirait à la pure règle féodale qui assujétissait à la loi territoriale tous les rapports de droit touchant aux immeubles à un point de vue quelconque.

On invoquait aussi jadis, et cet argument a été repris de nos jours (2) l'idée de la conservation des biens dans les familles. Mais n'est-il pas évident que le législateur n'a pu s'en préoccuper qu'en ce qui concerne ses nationaux et qu'il n'a nullement songé aux familles des étrangers qui pouvaient posséder des biens sur son territoire ?

La loi territoriale n'est donc pas la loi qui, rationnellement, doit régir la succession. Son application présente d'ailleurs les plus graves inconvénients. L'hérédité comprenant des immeubles situés dans différents pays est démembrée, en sorte que l'héritier pourra accepter dans un pays et répudier dans un autre. Sans parler des difficultés inextricables qu'entraine ce démembrement, notamment pour la contribution des divers héritiers aux dettes de la succession. Puis

(2) Demolombe. t. n° 79 et suivants.

ce système ne choque-t-il pas la raison ? Les divers
éléments du patrimoine ne forment-ils pas plutôt un
ensemble qui doit être gouverné par une loi unique ?

Cette idée de l'unité de la succession, déjà entrevue
dans notre ancien droit, a fait depuis, des progrès
considérables (1) et de toutes parts l'on a senti la
nécessité de s'en référer à une seule loi pour régler
la transmission héréditaire des biens. On a proposé
de s'attacher à la loi du domicile (2) ; mais il semble
qu'il vaut mieux se prononcer pour la loi nationale (3).
La loi successorale est, en effet, en rapport intime
avec l'organisation de la famille et nous savons que
c'est la loi nationale qui doit régir toute cette organisation. Puis, la loi successorale est en quelque sorte le
testament présumé du défunt et il est naturel de penser
que ce dernier s'est référé aux dispositions de la loi
qu'il connaissait le mieux et qui est presque toujours
sa loi nationale.

C'est donc la loi nationale qui doit régir la succession *ab intestat*. Le système admis dans notre ancien
droit ne présente que des inconvénients. Tout le
monde le reconnaît. Mais, et c'est là la conséquence
la plus déplorable de l'interprétation généralement

(1) Cette idée apparaît bien dans plusieurs textes de notre droit
positif. Voir notamment articles 732 et 822. C. c. article 59. C. Pr.

(2) Bertauld, *op. cit.*, t. 1. p. 65.

(3) L'Institut de droit international, dans sa session d'Oxford, en
1880, a adopté une résolution en ce sens. Voir aussi Mancini,
*Journal du droit international privé*, 1874. p. 301).

donnée à l'article 3 du Code civil, on prétend que ce système est consacré par notre loi positive (1).

Pour la jurisprudence et la majorité des auteurs, l'article 3, § 2, est la confirmation de la théorie du statut réel telle qu'on l'avait acceptée jadis. M. Huc dit même que ce texte « a été fait principalement sinon exclusivement pour les transmissions d'immeubles par succession » et qu'il n'aurait « qu'un champ d'application à peu près nul » s'il n'était pas entendu en ce sens (2). Sans insister sur cette dernière assertion qui, comme on le verra plus loin, peut paraître bien exagérée, nous répondons que rien, dans le texte de l'article 3, ne permet de croire que le législateur du Code civil a songé aux conflits de lois en matière successorale. Et la règle : « Les immeubles, même ceux possédés par des étrangers, sont

(1) Dans le sens de l'application de la *lex rei sitûs* aux successions immobilières : Cass. 2 avril 1884. S. 86. 1. 121; Cass. 26 janvier 1892. S. 92. 1. 77; Massé, I, n° 554; Fœlix, I, p. 139; Demolombe, I. n°ˢ 79 et 91; Aubry et Rau, I, § 31, notes 45, 52 et 53; Renault, *Journ. du dr. int. pr.*, 1875, p. 338 et suivantes; Baudry-Lacantinerie et Walh, *Traité des successions*, I, n° 1079 et suivants; de Boeck, D. P., 91. 2. 41 (note); Champcommunal, *Etude sur la succession « ab intestat » en droit international privé*, p. 304 et suivantes.

Pour l'application aux successions mobilières de la loi du domicile : Paris, 6 janvier 1862. S. 62. 2. 337. Pau, 22 juin 1885. *Journ. du dr. int. pr.*, 1887, p. 499. Cf. Cass., 31 mars 1874 (motifs). S. 74. 1. 316. (On sait d'ailleurs que d'après la jurisprudence, l'étranger n'acquiert en France un véritable domicile que lorsqu'il a obtenu l'autorisation du gouvernement). Quelques décisions judiciaires font régir la succession mobilière par la loi nationale du défunt. V. notamment Bordeaux, 27 novembre 1882. *Journ. du dr. int. pr.*, 1884, p. 296. Cf. Nice, 6 mars 1893. *Jour. du dr. int. pr.*, 1893, p. 595.

(2) Huc, t. I, n° 122.

L. 6

régis par la loi française », peut parfaitement s'entendre comme signifiant que, en ce qui concerne l'organisation de la propriété foncière, les immeubles sont régis par la « *lex rei sitûs* ».

Mais, si le texte de l'article 3 laisse place à un doute, on prétend que les travaux préparatoires sont formels et montrent de la façon la plus nette l'intention du législateur de s'en référer, en pareille matière, aux règles admises dans notre ancien droit. Nous avons vu que les travaux préparatoires sont loin d'être aussi décisifs et que notamment il ne fallait pas attribuer aux paroles de Portalis sur les lois qui règlent « les dispositions des biens » une portée qu'elles n'ont pas. « Les mots *disposition des biens* placés à côté d'autres qui rappellent la législation des impôts et l'expropriation pour cause d'utilité publique, doivent être expliqués par ces derniers; ils visent, comme eux, une matière relevant exclusivement de la souveraineté territoriale, c'est-à-dire le mode de transmission des droits réels entre les parties et à l'égard des tiers, comme, par exemple, la transcription qui ont un rapport étroit avec l'ordre économique » (1).

On a bien prétendu que la loi qui régit la succession aux immeubles touche en même temps à l'organisation de la propriété foncière. Le législateur du Code civil, dit-on, ne s'est pas seulement préoccupé de la constitution de la famille et de l'ordre probable

(1) Despagnet. *Revue critique, loc. cit.*, p. 501 et 502.

des affections du défunt. Il a voulu aussi parvenir au morcellement de la propriété et cela, dans l'intérêt de l'agriculture. C'est donc entrer dans ses vues que d'appliquer, sur ce point, la loi française pour tous les immeubles situés sur le territoire français (1).

Mais rien, dans les travaux préparatoires ne peut nous porter à penser que les rédacteurs du Code civil ont eu une telle intention. Il semble, au contraire, qu'ils n'ont songé qu'à respecter la volonté présumée du défunt. C'est ce qui apparait très clairement dans l'exposé des motifs présenté par Treilhard : « Le projet de loi sur les successions, c'est-à-dire le testament présumé de toute personne qui décéderait sans avoir valablement exprimé une volonté différente... » et encore : « Il importe de se pénétrer de toutes les affections naturelles et légitimes lorsqu'on trace un ordre de successions ; on dispose pour tous ceux qui meurent sans avoir disposé. La loi présume qu'ils n'ont eu d'autre volonté que la sienne ; elle doit donc prononcer comme eût prononcé le défunt lui-même au dernier instant de sa vie, s'il eût pu ou s'il eût voulu s'expliquer (2).

On a enfin invoqué en faveur du système admis en jurisprudence certaines conventions conclues entre la France et quelques autres pays où ce système était formellement consacré. C'est ainsi que l'article 2 du traité franco-autrichien du 11 décembre 1866 con-

(1) Demangeat. *Histoire de la condition civile des étrangers en France*, p. 337 et 338.
(2) Locré, t. X, p. 177 et 178.

tient la disposition suivante : « La succession aux immeubles sera régie par la loi du pays où les biens seront situés » (1). Mais cela ne prouve qu'une chose : c'est que les auteurs de ces conventions, imbus de la doctrine traditionnelle, ont méconnu la véritable portée de l'article 3 du Code civil.

L'article 3, § 2 ne nous oblige donc pas à soumettre les successions immobilières à la loi de la situation. L'article 7 du Code civil italien contient une disposition presque identique « les immeubles sont régis par la loi du lieu où ils sont situés » ce qui n'empêche pas qu'aux termes de l'article suivant, on doit pour le règlement des successions se référer à la loi nationale du *de cujus* (2).

Nous repoussons encore une fois l'interprétation donnée à l'article 3 du Code civil. Pour nous, il ne faut voir dans ce texte que ce qu'il dit expressément. Rien ne nous autorise à le rattacher à une doctrine surannée qu'il serait impossible de justifier aujourd'hui. Dans tous les cas, ni le texte ni les travaux préparatoires de l'article 3 ne nous forcent à accepter une pareille solution.

On a vu d'ailleurs à quelles conséquences aboutit

---

(1) On trouve des dispositions analogues dans les conventions conclues avec la Russie (1er avril 1874), avec la Serbie (1er juin 1883), avec le Mexique (27 novembre 1886).

(2) Dubois. *Journ. du Dr. int. pr.* 1875, p. 51 et suivantes; Antoine, *op. cit.*, p. 55 ; Despagnet, *op. cit.*, n° 552; Weiss, *op. cit.*, p. 680. — Tribunal du Havre, 28 août 1872, S. 72, 2. 313. Tribunal suprême de Madrid, 6 juin 1873. *Journ. du Dr. int. pr.*, 1874, p. 44. Cf. Cass., 12 janvier 1869, S. 69, 1, 188.

le système généralement admis. Basé sur la règle
féodale de la territorialité des lois, fait pour une époque où la propriété foncière jouait, dans l'organisation politique, un rôle prépondérant, il se trouve en
opposition complète avec les principes qui gouvernent
les sociétés modernes. Puis, quand les législateurs
en réglant la dévolution successorale se préoccupent
surtout de la volonté et des affections du défunt,
n'est-il pas étrange d'appliquer des lois différentes
aux biens situés dans divers pays, comme si cette
volonté et ces affections changeaient à chaque fron-
tière ?

Mais si la théorie des statuts ne s'impose plus de
nos jours, si nous ne devons accepter de ses règles
que celles qui ont été formellement consacrées par le
législateur, il n'en est pas moins vrai qu'il y a des
lois qui se réfèrent uniquement à la condition des
biens : c'est à elles que fait allusion l'article 3, § 2. Il
nous reste à dire quelles sont ces lois et nous verrons
ainsi ce que l'on doit désormais entendre par « statut
réel ».

## SECTION IV

### DOMAINE DU STATUT RÉEL

Le statut réel est l'ensemble des lois qui régissent
la condition juridique des biens. Pour les immeubles,
en présence du texte de l'article 3, § 2, aucun doute ne
saurait s'élever, sinon sur la portée du principe, du
moins sur son fondement. Quant aux meubles notre
loi garde un silence complet, soit que les rédacteurs

du Code civil n'aient pas songé à la fortune mobilière alors réputée d'une importance médiocre, soit qu'ils aient craint de se prononcer sur une matière qui avait fait naître jadis de nombreuses controverses. Comment combler cette lacune ?

Pour y parvenir, il n'est nullement nécessaire de se référer à notre ancien droit. La règle, autrefois acceptée pour résoudre les conflits de coutumes en ce qui concerne les meubles, ne nous serait pas d'un grand secours. Elle est, en effet, contraire à cette idée essentielle dont l'exactitude sera établie plus loin, et d'après laquelle la solution des conflits de législations doit être demandée, non à des principes absolus et conçus *a priori,* mais à une analyse minutieuse de chaque rapport de droit. Nos anciens auteurs avaient donc commis une grave erreur en généralisant une règle imaginée pour un cas spécial : du reste, le vice de leur système les obligea à y apporter une foule de dérogations. Et il en a été de même de ceux qui, se jugeant enchaînés par la tradition, ont cru devoir respecter la règle qu'elle nous a léguée (1).

Pour nous, il n'y a pas lieu de se préoccuper des règles de la théorie des statuts : tout au moins, elles ne s'imposent que dans la mesure où le législateur les a expressément consacrées. Or, le Code civil ne dit pas un mot des meubles : il nous faut donc déterminer la loi qui, rationnellement, doit les régir.

Il convient, pour cela, de ne pas oublier le point de vue spécial auquel nous nous sommes placé ici.

(1) Barde. *op. cit.,* p. 118. Massé, *op. cit.,* I, n° 555.

Le Code civil, avons-nous dit, ne nous oblige pas à accepter la vieille notion du statut réel. Toutefois, comme, parmi les lois, il en est qui se réfèrent exclusivement à la condition des biens, il est permis de parler encore de statut réel. Mais on ne doit comprendre dans cette classe de lois que celles qui constituent le droit des choses, comme d'autres constituent, à proprement parler, le droit des personnes.

Le domaine du statut réel étant ainsi délimité il n'y a aucun motif de distinguer entre les meubles et les immeubles. Comme l'a fait très justement observer Wœchter, quand le législateur règlemente l'organisation de la propriété, il ne s'occupe pas seulement d'une certaine catégorie de biens, il a en vue tous les biens qui sont sur son territoire.

Et maintenant quelle est la loi qui va régir le statut réel ? La réponse ne saurait être douteuse. La loi territoriale s'impose ici avec une force toute particulière. « Il n'est même pas nécessaire de faire appel à l'idée, généralement juste en soi, d'ailleurs, que l'organisation de la propriété touche à l'intérêt public... Le respect dû à l'ordre public est une arme pour écarter l'intervention des lois étrangères au cas où elles ont quelque titre à intervenir. Or, aucune loi ne saurait avoir la prétention de concourir, en matière d'organisation de la propriété, avec la loi de la situation des biens. La loi territoriale régit la condition des biens, comme elle punit les crimes, parce que, dans ce double domaine, de tous les intérêts en cause, l'intérêt local est infiniment supérieur à tout autre ;

la nature des rapports juridiques dont il s'agit suffit à lui assurer la prépondérance. » (1).

Il nous resterait à dire quelles sont les dispositions de lois qui régissent la condition des biens et rentrent, par suite, dans le statut réel. Mais une pareille étude serait trop en dehors du plan de ce travail. Nous nous bornerons à quelques idées générales.

Le statut réel doit comprendre les lois qui divisent les biens en meubles et immeubles, en choses dans le commerce et choses hors du commerce, les lois qui déterminent les droits réels que l'on peut avoir sur les biens et l'étendue de ces droits réels. On ne pourrait donc accepter en France la distinction du domaine direct et du domaine utile, ni l'établissement des servitudes que prohibe l'art. 686 du Code civil. C'est encore la loi française qui déterminera, pour tous les biens situés sur le territoire, les conditions de publicité nécessaires pour le transfert de la propriété ou de ses démembrements, l'organisation du régime hypothécaire, le temps requis pour la prescription acquisitive, etc.

On voit combien la conception que nous avons présentée du statut réel diffère de celle qui avait dominé dans notre ancien droit. Nous avons montré que rien, dans notre législation positive, ne nous empêchait de l'accepter et de repousser par suite un système qui heurte toutes les idées de progrès et ne répond plus à rien.

(1) Lainé, « Etude sur le titre préliminaire du projet de révision du Code civil belge », *loc. cit.*, p. 464.

# CHAPITRE VI

---

## Des moyens de remédier aux lacunes du Code civil en matière de conflits de lois.

### I

Nous avons essayé de démontrer que la théorie des statuts n'avait pas été, du moins dans son ensemble, confirmée par le Code civil. De toutes les règles acceptées par notre ancienne jurisprudence, celles-là seules s'imposent qu'un texte de loi a expressément reproduites. Aucune autorité légale ne s'attache aux autres et rien ne nous force à nous adresser à elles pour parer à l'insuffisance de notre Code.

Quel secours, en effet, pourraient-elles nous offrir? Nous savons déjà à quoi nous en tenir sur ce point. Certes, il est incontestable que la théorie des statuts, à l'époque où elle s'est formée, a réalisé un progrès immense : car elle s'est introduite en France dans un temps où la féodalité était encore toute puissante. L'isolement dans lequel vivaient les habitants des diverses seigneuries, la passion d'indépendance dont leurs maîtres étaient animés, avaient eu pour résultat la territorialité absolue des coutumes. La théorie des statuts servit à apporter à cette règle par trop rigoureuse quelques exceptions inspirées par l'idée de justice. Et parfois même nos anciens auteurs réussirent à dégager des principes, tirés de la nature des choses et qui sont aujourd'hui universellement acceptés. Mais tous leurs efforts ne tendaient qu'à écarter les conséquences les plus dures de la règle féodale, et cette dernière demeura debout jusqu'à la fin du XVIIIe siècle, reconnue par tous nos jurisconsultes, sauf Bouhier.

« Toutes les coutumes sont réelles ». Ce principe, placé à la base de la théorie des statuts, devait l'arrêter dans son développement et être pour tout progrès un obstacle insurmontable. Il était, en effet, la négation même d'un droit international et sous le couvert d'explications embarrassées, nos auteurs en furent réduits à le violer toutes les fois qu'ils voulurent faire aux lois étrangères la place qui leur semblait due. Aussi l'école hollandaise fut-elle bien plus logique que d'Argentré quand elle proclama que, la souveraineté du législateur s'arrêtant aux limites de son territoire, ses décisions ne peuvent avoir aucune force au delà : le droit ne commande donc jamais d'appliquer une loi étrangère; et si, en fait, un intérêt bien compris pousse, dans certains cas, à agir autrement, il ne saurait y avoir là qu'une concession purement gracieuse.

Nous ne nous attarderons pas à réfuter cette théorie dont nous aurons plus loin à signaler l'influence sur quelques législations modernes. Observons seulement que son résultat le plus sûr est de nuire considérablement aux bonnes relations internationales. En outre, dans les hypothèses où elle conduit à l'admission d'une loi étrangère, elle ne permet point de dire quelle est, de plusieurs qui peuvent se trouver en présence, celle qui doit être appliquée. Enfin, elle manque entièrement de certitude, l'appréciation de l'intérêt étant toujours très délicate et devant nécessairement varier avec les circonstances (1).

La règle de la territorialité des lois qui s'expliquait facilement à une époque d'isolement comme au moyen-âge, ne pourrait se comprendre aujourd'hui. Sans doute, les Etats sont indépendants et, lorsque leur indépendance est en jeu, chacun d'eux a le devoir de s'opposer à toute immixtion d'une souveraineté étrangère ; mais il ne faut pas, d'autre part, oublier que les Etats vivent en rapports incessants : or, pour que ces rapports se maintiennent, il importe que les nationaux d'un pays soient assurés de trouver à l'étranger des lois certaines et équitables. Et puis, quelle que soit leur puissance, les divers Etats sont égaux en droit : chacun doit accorder aux autres les avantages dont il veut bénéficier à son tour. Tous sont donc également intéressés à l'application de règles conformes au droit, et obligatoires pour tous (2).

(1) Despagnet, *op. cit.*, nº 20.
(2) Pillet. « Le Droit international privé considéré dans ses rapports avec le droit international public ». (*Revue pratique de droit international privé.* 1892, p. 105 et suivantes.

Mais s'il y a des cas où l'on doit admettre l'exterritorialité des lois, comment va-t-on les déterminer ?
A cette question, les réponses n'ont pas fait défaut et
bien des systèmes ont été proposés. Sans entrer
dans le détail de toutes ces opinions, disons que le
défaut général qu'elles présentent est de s'attacher à
un critérium unique et de ne considérer dans chaque
rapport de droit qu'un seul élément, en négligeant
tous les autres. Ainsi, il est bien certain qu'on ne
saurait laisser de côté l'intention des parties, le lieu
où le rapport de droit a pris naissance, le lieu fixé
pour l'exécution.... : mais vouloir s'attacher exclusivement à l'un de ces points pour déterminer la loi
qui doit régir un rapport juridique, c'est se condamner
à des solutions fatalement imparfaites.

Comment faire alors ? Une théorie récente élimine
pour ainsi dire la question. Elle pose en principe que
toutes les lois doivent être considérées comme personnelles, le législateur n'ayant jamais en vue
que les personnes. Par suite, en tout lieu qu'il se
transporte, le sujet d'un état reste toujours régi par
la loi de son pays : elle le suit partout et ne doit
s'effacer que lorsque, dans l'état où elle est invoquée,
elle se trouve en opposition avec des règles considérées comme présentant un intérêt supérieur pour
l'ordre social ou encore lorsqu'on est dans un de ces
cas où la volonté des parties est souveraine et leur
tient lieu de loi.

Malgré ces deux restrictions, ce système, né d'une
idée politique et que nous retrouverons en parlant du

Code civil italien, est encore plus insuffisant que ceux que nous avons déjà rejetés. On dit bien qu'il faut que « l'action du pouvoir social s'arrête là où elle rencontre la liberté inoffensive et dès lors légitime des particuliers » (1). Mais, ainsi qu'il a été très bien répondu, le conflit est entre deux lois différentes et non entre le pouvoir social et la volonté des particuliers (2). D'ailleurs, il est manifestement impossible de résoudre tous les conflits de législations à l'aide de ce critérium. Sans parler du cas où les parties en cause auront des nationalités différentes, qu'importe la loi nationale quand il s'agit de règler la forme des actes juridiques ? On propose alors une troisième exception (3). C'est reconnaître que si la nature de certains rapports de droit exige l'application de la loi personnelle, il ne saurait en être de même dans toutes les hypothèses. N'est-il donc pas préférable d'examiner tout d'abord la nature de ces rapports pour parvenir à dégager la règle qui leur convient ?

Telle est, en effet, l'opinion qui nous parait la meilleure. Quand le juge se trouve en présence d'un rapport de droit ayant des points de contact avec plusieurs législations, il est naturel qu'il commence par analyser exactement les divers éléments dont ce rapport se compose : ce n'est qu'ainsi qu'il pourra

---

(1) Mancini. *Journal du droit international privé*, 1876, p. 292.

(2) Pillet. « Essai d'un système général de solution des conflits de lois. » *Journal du droit international privé*, 1894, p. 712.

(3) Weiss. *Op. cit.*, p. 250.

arriver à une solution vraiment juridique et non en
suivant aveuglément de prétendus principes, qui
peuvent présenter chacun une part de vérité, mais
sont incapables de régir l'infinité d'hypothèses qui
constituent le domaine des conflits de lois.

Ce système a été développé vers le milieu de ce
siècle par Savigny (1). Partant de l'existence d'une
« communauté de droit entre Etats indépendants,
qui tend à régler d'une manière uniforme la collision
de différents droits positifs » (2), le grand romaniste
a établi que c'était désormais au droit seul à déterminer l'effet territorial ou extraterritorial des diverses
lois.

Pour savoir quelle est la loi qui doit régir un rapport juridique, il faut donc examiner avec soin la
nature même de ce rapport. Sans doute cet examen
est bien délicat : des erreurs pourront être commises,
des controverses pourront s'élever. Mais, peu à peu,
les progrès du droit et de la jurisprudence dans les
différents pays, le sentiment de l'égalité des états,
le désir d'entretenir de bonnes relations, finiront par
aplanir toutes les difficultés. Et déjà, d'ailleurs, se
manifeste un mouvement général pour les faire
cesser, au moyen de traités internationaux.

On a objecté que cette théorie détruisait la souveraineté des états. Mais cette souveraineté n'empêche

(1) Savigny. *Traité de droit romain.* Traduction Guenoux, t. VIII,
§ 345 et suivants.
(2) Savigny, *loc. cit.*, § 348.

pas les états d'être tenus de devoirs réciproques. Et
ne la respecte-t-on pas suffisamment dans ce qu'elle
a d'essentiel, en reconnaissant que, dans tous les
cas où l'ordre public est intéressé, aucune loi étrangère ne saurait prévaloir contre la loi territoriale (1) ?

Les critiques adressées à la théorie de Savigny ne
l'atteignent donc pas dans son principe même. Elles
font seulement ressortir les difficultés que présente,
dans son application, le critérium auquel nous nous
sommes rallié. Le principe subsiste et il est telle-
ment fondé en droit et en raison, que ses adversaires
n'ont pu toujours échapper à son influence (2).

Nous pensons donc qu'en législation le système
que nous venons d'indiquer est le meilleur. Mais,
dans l'état actuel du droit français, peut-il être
accepté dans la pratique et nos tribunaux peuvent-ils
y avoir recours pour combler les lacunes du Code
civil ?

(1) Savigny, *loc. cit.*, § 349.

(2) Ainsi M. Jitta qui combat le système de Savigny en arrive
cependant à poser la règle suivante : « Le législateur de chaque
état doit appliquer à toute relation juridique, considérée sous
toutes les faces qu'elle peut présenter dans l'état actuel de
l'humanité, le droit qui convient à sa nature, c'est-à-dire au but
qu'elle remplit dans la société universelle des individus » (*La
méthode du Droit international privé*, p. 196).

Quant à M. Pillet (*loc. cit.*, p. 711 et suivantes), qui propose de
s'en référer uniquement au « but social » de la loi pour déterminer sa sphère d'application, son système ne s'éloigne peut-être
pas beaucoup de celui que nous avons adopté. Il ne semble pas,
d'ailleurs, d'une pratique plus aisée car il peut arriver que le
législateur poursuive plusieurs buts entièrement distincts,
auquel cas la détermination du « but social » de la loi pourra
être extrêmement difficile.

## II

Ces lacunes sont, en effet, considérables et les règles qu'ont édictées les rédacteurs du Code civil « sont si peu de chose que l'article 3 semble moins constituer notre législation sur le conflit des lois que marquer la place d'une législation absente » (1).

Avec l'interprétation que nous avons donnée de l'article 3, ce texte laisse en dehors de son champ d'application une multitude d'hypothèses auxquelles notre législateur n'a vraisemblablement pas songé. Pouvons-nous les soumettre à notre principe ? Nous ne voyons rien de nature à nous en empêcher. On invoque l'autorité de la tradition : l'argument est réfuté depuis longtemps. Et d'ailleurs, ne pouvons-nous pas invoquer une tradition qui remonte plus haut encore ?

Notre théorie n'a pas, en effet, été défendue pour la première fois par Savigny. Elle est née le jour où des conflits de lois se sont élevés et où des jurisconsultes ont essayé de les résoudre avec les seules lumières de la raison. Ce sont les auteurs de l'école italienne qui l'ont créée, bien qu'ils n'aient pu, pour les raisons que nous avons dites, parvenir à la dégager nettement et à lui faire produire tous ses résultats. Si elle disparut presque avec le triomphe de la doctrine de d'Argentré, elle ne pouvait que recouvrer

(1) Lainé, *loc. cit.*, p. 319.

toute sa force avec la ruine de l'ordre politique qui avait abouti à la territorialité absolue des lois.

C'est donc par elle que le juge tranchera les conflits que le législateur n'a pas lui-même réglés. Sans s'attacher à aucun principe conçu *a priori* et, par suite, plus ou moins arbitraire, il devra, dans chaque hypothèse, se demander où est le droit et, pour chaque relation juridique « rechercher le territoire auquel cette relation appartient et au droit duquel elle est soumise, conformément à la nature qui lui est propre, c'est-à-dire le terrain juridique où elle a son siège » (1).

Et quand il résultera de cet examen que le droit commande l'application d'une législation étrangère, c'est cette dernière que le juge devra observer. Dans un cas seulement il devra en être autrement. C'est lorsque l'application de la loi étrangère serait de nature à compromettre l'ordre social, tel qu'on le comprend dans le pays où cette loi est invoquée. Le juge alors se référera exclusivement à la loi territoriale, quelque rigoureuse que puisse lui paraître cette solution. Cette exception est admise partout; mais les divergences les plus complètes se manifestent sur la manière de concevoir cette notion assez indécise de l'ordre public, et en France les auteurs ne sont guère d'accord sur la portée du principe. Nous n'avons pas à entrer dans

_____

(1) Savigny, *loc. cit.*, § 348.

L.                                                              7

ces discussions : nous nous sommes borné à indiquer la règle générale.

Observons simplement que la notion de l'ordre public doit être restreinte aussi étroitement que possible : car sans cela, on risquerait de compromettre gravement le principe même de notre science. Nous avons déjà fait remarquer que, sous l'influence des idées anciennes, la jurisprudence n'était pas toujours demeurée fidèle à cette règle et avait parfois appliqué la loi territoriale dans des hypothèses où l'admission d'une législation étrangère n'aurait dû souffrir aucune difficulté.

# CHAPITRE VII

---

## Législation comparée.

Nous allons maintenant passer en revue quelques législations étrangères et voir comment elles ont résolu le problème des conflits de lois. Nous insisterons un peu plus sur celles qui ont subi, dans une mesure plus ou moins grande, l'influence de la théorie des statuts et nous ferons ressortir la tendance générale que présentent les Codes qui ont été faits ou révisés dans la seconde partie de ce siècle. Ces législations récentes, et il en est de même de tous les projets élaborés dans divers pays pendant ces dernières années, montrent combien, de toutes parts, on s'éloigne des idées qui avaient cours autrefois, pour en venir à des solutions plus justes et plus rationnelles.

**Angleterre et Etats-Unis**. — Le caractère spécial du droit anglo-américain est une conception rigoureuse de la territorialité des lois, tempérée par le système de la « *Comitas gentium* ». La théorie des statuts, telle qu'on l'avait acceptée dans notre pays, n'exerça guère d'influence sur les juges de la Grande-Bretagne et ce fut à la doctrine hollandaise qu'ils demandèrent les principes de la solution des conflits de lois. D'autre part, les idées féodales ont, jusqu'à notre époque, conservé en Angleterre une puissance considérable, à laquelle la jurisprudence n'a pu encore entièrement se soustraire. Ainsi ce n'est que depuis l'Act du 12 mai 1870, que les étrangers peuvent être propriétaires fonciers : le principe que le roi étant le suzerain de tout le territoire, chaque détenteur d'une partie du sol devait, comme vassal, ne dépendre que de lui, les en avait empêchés jusque là. Il n'est donc pas étonnant que le système de la territorialité des lois, ait trouvé, dans ces pays, un terrain particulièment favorable et que l'on n'ait pas voulu reconnaître que le droit, et non de vagues raisons de courtoisie, commande parfois d'appliquer une législation étrangère.

Aussi, malgré quelques progrès accomplis peu à peu, la jurisprudence en Angleterre et aux États-Unis, consacre-t-elle des solutions qui sont repoussées très généralement sur le continent. Sans nier d'une manière absolue, l'effet extraterritorial des lois relatives à l'état et la capacité des personnes, en de nombreux cas, elle s'en tient exclusivement à la loi locale (1). Pour les contrats, notamment, elle décide que la loi personnelle des parties doit s'effacer devant la « *lex loci contractus* » et il a même été fait

---

(1) Dicey et Stocquart. *Le statut personnel anglais*, t. 1, p. 342. Cf. Westlake. *Journ. du dr. int. pri.*, 1881, p. 312.

des applications de cette règle en matière de mariage. D'un autre côté, pour tout ce qui touche les immeubles, la loi de la situation est imposée avec une telle sévérité que l'on exige son observation même pour les formalités des actes juridiques relatifs à des biens de cette nature. Quant aux meubles il semble qu'on leur applique, en général, la loi du domicile du propriétaire; c'est l'adage « *personal property has no locality* » que certains auteurs proposent cependant d'abandonner.

**Pays-Bas**. — L'article 6 de la loi du 15 mai 1829 reproduit d'assez près la règle contenue dans le dernier alinéa de l'article 3 de notre Code civil : « Les lois concernant les droits, l'état et la capacité des personnes, obligent les Néerlandais même lorsqu'ils se trouvent en pays étranger. » Dans le silence de la loi et malgré la disposition un peu obscure de l'article 9, la jurisprudence fait régir le statut personnel des étrangers par la loi du pays auquel ils appartiennent (1).

L'article 7 de la même loi soumet les immeubles à la *lex rei sitûs;* l'article 8 déclare les lois pénales et les ordonnances de police obligatoires pour tous ceux qui se trouvent sur le territoire. Enfin, l'article 10 décide que « la forme de tous les actes doit être appréciée d'après les lois du pays ou du lieu où ces actes ont été faits. »

(1) Jitta, *op. cit.*, p. 297.

**Suède.** — Le Code suédois ne contient aucune règle en ce qui concerne les conflits de législations, mais le principe de la territorialité des lois est accepté par les tribunaux. Aussi, ne respectent-ils point la loi personnelle de l'étranger et lui appliquent-ils, même pour son état et sa capacité, les dispositions de la loi suédoise. On admet, d'ailleurs, que la forme des actes juridiques dépend de la loi du lieu où ils sont faits.

**Russie.** — Dans la législation en vigueur dans la plus grande partie de l'empire russe « l'étranger, en ce qui concerne son statut personnel, peut se prévaloir de sa loi nationale; pour tout le reste, il est soumis aux lois russes » (1). On suit des règles analogues en Finlande; mais dans les provinces baltiques, on s'en tient encore au principe de la territorialité absolue des lois.

**Autriche.** — Le paragraphe 4 du Code civil autrichien de 1811 est ainsi conçu : « Les lois civiles régissent tous les citoyens appartenant aux pays pour lesquels ces lois ont été promulguées. Les citoyens demeurent ainsi soumis aux lois civiles pour les affaires et les actes conclus hors du territoire de l'Etat, en tant que la capacité d'y concourir est restreinte par ces lois, et en tant que ces actes et ces affaires sont destinés à produire des effets légaux dans le territoire de ces pays ». Le sujet autrichien qui se trouve

---

(1) Lehr. *Eléments de droit civil russe*, p. 6.

en pays étranger n'est donc soumis à sa loi personnelle qu'en tant qu'elle restreint sa capacité et seulement s'il s'agit d'actes juridiques destinés à produire
en Autriche des effets légaux.

Quant au statut personnel des étrangers il se trouve
réglé par le paragraphe 34 : « La capacité personnelle
des étrangers relativement aux actes de la vie civile,
doit, en général, être jugée d'après les lois qui sont
en vigueur au lieu du domicile de l'étranger, ou, à
défaut d'un domicile réel, d'après les lois auxquelles
l'étranger est soumis comme sujet, à moins que les
lois n'en aient décidé autrement pour les cas particuliers. » On n'est pas d'accord sur le sens de cette
disposition, les uns y voyant l'application de la loi
nationale au statut personnel étranger comme il
en est du statut personnel des Autrichiens, les
autres y voyant, au contraire, un renvoi à la loi du
domicile : il faut convenir que le texte semble bien
formel en faveur de cette seconde solution.

Ajoutons que les étrangers ne peuvent se prévaloir
en certains cas des dispositions de leur loi personnelle. Il en est ainsi dans les hypothèses prévues par
les §§ 35 et 36 :

« § 35. — Un engagement pris par un étranger en
Autriche, vis-à-vis d'une personne à laquelle il
confère des droits sans l'obliger elle-même envers
lui, sera jugé soit d'après le présent Code, soit d'après
la loi à laquelle l'étranger est personnellement soumis, suivant que l'une ou l'autre législation favorise
le plus la validité de cet engagement. »

« § 36. — La convention synallagmatique passée en
Autriche entre un étranger et un citoyen sera jugée,
sans exception, d'après les dispositions du présent
Code... »

Si ce dernier texte ne vise que la convention synallagmatique, c'est sans doute parce qu'on a pensé
que, dans le cas de convention unilatérale, les intérêts autrichiens étaient suffisamment protégés par le
§ 35 (1).

Enfin le § 300 soumet les immeubles à la loi de la
situation et les meubles à la loi personnelle de leur
propriétaire.

**Roumanie**. — La législation roumaine, sur la question qui nous occupe, peut se résumer en quelques mots : Le statut personnel des étrangers est
régi, en principe, par la loi de leur pays. Les immeubles sont soumis à la loi de la situation (art. 2 du
Code civil roumain) (2). Quant aux meubles, dans le
silence de la loi, les uns pensent qu'il faut toujours
s'en référer à la loi roumaine ; les autres acceptent
cette solution pour les meubles pris individuellement
mais non pour les meubles considérés comme universalité et dans ce dernier cas, ils se déterminent pour
la loi personnelle du propriétaire. — Enfin, en ce qui

(1) Weis, *op. cit.*, p. 313.
(2) D'après l'art. VIII, § 5 de la Constitution Roumaine de 1879,
« seuls les Roumains ou naturalisés Roumains, peuvent acquérir
des immeubles ruraux en Roumanie « Cf. Streit. « *L'affaire
Zappa* », p. 26 et suivantes.

concerne la forme des actes juridiques, on applique la loi du lieu où les actes ont été faits.

**Portugal.** — L'article 27 du Code civil portugais décide que l'état et la capacité civile des étrangers sont régis par leur loi nationale. L'article 12 du Code de commerce de 1888 porte également que « la capacité commerciale des Portugais qui contractent des obligations de commerce en pays étranger, et celle des étrangers qui en contractent sur le territoire portugais, sera réglée par la loi nationale de chacun d'eux ; sauf, à l'égard de ces derniers, le cas où cette loi serait contraire au droit public portugais » (1).

**Espagne.** — Malgré le silence de la loi, la jurisprudence espagnole avait affirmé l'effet extraterritorial des lois qui régissent la condition juridique des personnes. Un arrêt rendu le 27 novembre 1868 par la Cour de Cassation de Madrid décidait que « la loi nationale de chaque individu régit ses droits personnels, sa capacité de transmettre par testament ou *ab intestat*, et le régime de son mariage ou de sa famille. » Le Code civil espagnol révisé du 24 juillet 1889 consacre cette jurisprudence et pose, en quelques articles, les principes qui devront désormais régir les conflits de lois.

---

(1) L'article 9 du même Code porte que la femme étrangère qui fait des actes de commerce ne peut, pour se soustraire aux conséquences qui en résultent, se prévaloir des bénéfices accordés par sa loi nationale aux personnes de son sexe.

« Les lois pénales, de police et et de sûreté publique
obligent tous ceux qui habitent le territoire espagnol (art. 8). »

« Les lois qui règlent les droits et les devoirs de
famille, l'état, la condition et la capacité légale des
personnes obligent les Espagnols, même s'ils résident en pays étranger (art. 9). »

« Les biens meubles sont régis par la loi du pays de
leur propriétaire; les biens immeubles par celle du
où ils sont situés. Néanmoins, les successions légales
et testamentaires, comme tout ce qui touche à l'ordre
de succession, à l'importance des droits successoraux
et à la valeur intrinsèque de ces dispositions, se
règlent d'après la loi du pays de la personne décédée,
quelle que soit la nature de ses biens et le pays où
ils se rencontrent (art. 10). »

« Les formes et solennités des contrats, testaments
et de tous les actes publics, se règlent d'après les lois
du pays où ils sont faits... Malgré les dispositions de
cet article et du précédent, les lois prohibitives concernant les personnes, leurs actes, leurs biens, celles
qui ont pour objet l'ordre public et les bonnes mœurs
ne perdront point leur effet quels que soient les lois,
jugements, dispositions ou conventions accordés à
l'étranger (art. 11). »

Il convient de remarquer surtout, parmi ces dispositions nouvelles de la loi espagnole, celle qui fait
régir la transmission héréditaire des biens par la loi
nationale du défunt. Cette solution que nos tribunaux
se refusent encore à admettre, se trouve ainsi consa-

crée législativement chez nos voisins. Et ce n'est pas le seul point sur lequel le Code civil espagnol présente un réel progrès : c'est ainsi que son article 27 accorde, en principe, aux étrangers la jouissance de tous les droits civils.

**Suisse**. — L'article 10 de la loi fédérale du 22 juin 1881 (mise en vigueur le 1er janvier 1882) sur la capacité civile, fait régir la capacité par la loi nationale : « Les dispositions de la présente loi s'appliquent à tous les ressortissants suisses, soit qu'ils résident en Suisse, soit qu'ils demeurent à l'étranger. La capacité civile des étrangers est régie par le droit du pays auquel ils appartiennent. » Mais la loi apporte aussitôt à cette dernière règle une exception qui la compromet gravement : « Toutefois, l'étranger qui, d'après le droit suisse, posséderait la capacité civile, s'oblige valablement par les engagements qu'il contracte en Suisse, lors même que cette capacité ne lui appartiendrait pas selon le droit de son pays. » Le texte ne distingue pas, d'ailleurs, suivant que l'individu avec lequel l'étranger a traité, est un Suisse ou un autre étranger.

Dans cette disposition on peut rapprocher l'article 822 du Code fédéral des obligations du 14 juin 1881 (mis en vigueur le 1er janvier 1883) : « Toutefois, l'étranger qui, d'après le droit suisse, serait capable de s'obliger par lettre de change, s'oblige valablement de cette façon en Suisse, encore qu'il soit incapable d'après le droit de son pays. »

Enfin, la loi fédérale du 25 juin 1891 (entrée en vigueur le 1er juillet 1892), votée après deux tentatives infructueuses pour mettre un terme aux difficultés que soulève la variété des différentes lois cantonales, contient quelques règles sur le conflit des lois suisses avec les lois étrangères (1). D'après cette loi, l'état des personnes est régi par la loi du lieu d'origine (art. 8), la capacité (2) par la loi du domicile (art. 7) et la transmission héréditaire des biens par la loi du dernier domicile du défunt (art. 22). Toutes ces dispositions sont applicables, par analogie aux étrangers domiciliés en Suisse (art. 32) (3).

**Allemagne**. — L'empire allemand n'ayant pas un Code civil unique (4), nous indiquerons simplement les dispositions principales contenues dans les lois de quelques États.

Le Code civil prussien fait régir par la loi du domicile l'état et la capacité des personnes (§ 23). Mais cette règle n'a pas une portée absolue. En effet, d'après le § 35, l'étranger « qui contracte en Prusse, sur des objets qui s'y trouvent, doit être jugé, relati-

(1) *Annuaire de Législation étrangère*, 1892, p. 664 et suivantes.
(2) Sur les points laissés dans le domaine du droit cantonal par la loi du 22 juin 1881.
(3) Lainé, *Bulletin de la Société de Législation comparée*, 1893, p. 128 et suivantes, p. 209 et suivantes.
(4) La Commission chargée d'élaborer un projet de Code civil pour tout l'empire a rédigé un projet spécial en vingt-six articles, sur les conflits de lois : mais ces dispositions n'ont pas été publiées avec le projet de Code civil. (Bufnoir. *Bulletin de la Société de législation comparée*, 1889, p. 148).

vement à sa capacité de contracter, suivant les lois qui favorisent le plus la validité de la convention. » D'autre part, la loi générale de 1848 sur le change, déclare que « la capacité d'un étranger de s'obliger par lettre de change est appréciée par la loi de l'Etat auquel il appartient », mais elle s'empresse d'apporter à ce principe une dérogation analogue à celle que l'on vient de voir. L'artice 53 du Code de procédure civile de l'empire contient, au sujet de la capacité d'ester en justice, une disposition semblable. Ajoutons que les immeubles sont soumis à la loi de la situation qui s'applique même pour la forme des actes ayant pour objet l'établissement ou la constatation d'un droit réel sur un immeuble. Quant aux meubles, ils sont, en principe, régis par la loi du domicile de leur propriétaire.

Le Code saxon (art. 7 et 8) déclare que la capacité doit être appréciée d'après la loi nationale; mais quand un étranger contracte en Saxe, la loi locale lui est applicable. L'article 10 du même Code, soumet toute chose corporelle, mobilière ou immobilière, à la loi de la situation.

Le Code bavarois applique également la loi de la situation, en matière réelle et mixte, à tous les biens, meubles ou immeubles, corporels et incorporels.

**Italie.** — La législation italienne est, de toutes les législations européennes, celle qui contient les règles les plus parfaites en matière de conflits de lois (1).

(1) Huc et Orsier. *Le Code civil italien*, t. I, p. 18 et suivantes.

L'article 6 des dispositions préliminaires du Code
civil de 1865, décide que « l'état et la capacité des personnes et les rapports de famille sont réglés par la
loi de la nation à laquelle elles appartiennent. »

« Les biens immeubles sont soumis à la loi du lieu
où ils sont situés (art. 7). » Mais, ainsi que nous
l'avons déjà dit, cette formule est loin d'avoir la
portée que notre jurisprudence attribue à la règle
toute semblable édictée par l'article 3, § 2, de notre
Code civil. En effet, d'après l'article 8, « les successions légitimes et testamentaires en ce qui concerne
soit l'ordre successoral, soit la quotité des droits
successoraux et la validité intrinsèque des dispositions, sont réglées par la loi de la nation de celui dont
l'hérédité est ouverte, quels que soient la nature des
biens et le pays où ils se trouvent. »

Les biens meubles sont soumis à la loi de la nation
de leur propriétaire, sauf disposition contraire de la
loi du pays où ils se trouvent (art. 7) (1).

Pour la substance et les effets des obligations,
l'article 9, tout en établissant quelques présomptions
très raisonnables, respecte la volonté des parties
contractantes. Ce même texte consacre la règle *Locus
regit actum* tout en déclarant qu'il est permis aux
parties, ressortissant au même état, de préférer les
formes instituées par la loi de cet état.

Enfin les articles 11 et 12 réservent expressément

(1) Lainé. *Bulletin de la Société de législation comparée*, 1890, p. 461 et
suivantes.

l'application de la loi territoriale dans tous les cas
où l'ordre public pourrait se trouver en jeu.

**Belgique.** — L'article 3 du Code civil est encore en
vigueur en Belgique et son interprétation y a soulevé, comme en France, de graves difficultés. La
jurisprudence belge, plus libérale que la nôtre, semble cependant avoir rejeté le système qui écarte la loi
personnelle de l'étranger lorsque son application
peut occasionner un préjudice pour un national (1).

Un projet de révision du Code civil, dû à M. Laurent,
consacrait la doctrine italienne de la personnalité du
droit. En 1884 une Commission a entrepris l'élaboration d'un second projet. S'inspirant, dans une assez
large mesure, des règles contenues dans le Code civil
italien, elle a rédigé un projet de titre préliminaire, en
dix-sept articles dont voici les principales dispositions :

« L'état et la capacité des personnes, ainsi que les
rapports de famille, sont régis par les lois de la nation
à laquelle les personnes appartiennent (art. 4). »

« Les biens, meubles et immeubles, sont soumis à
la loi du lieu de leur situation en ce qui concerne les
droits réels dont ils peuvent être l'objet... (art. 5). »

« Les successions sont réglées d'après la loi nationale du défunt... (art. 6) (2). »

(1) Cf Liège, 31 décembre 1879. *Journal du droit international privé*,
1881, p. 87.
(2) Lainé. *op. cit.*, p. 339 et suivantes. Jitta, *opt cit.*. p. 324 et
suivantes.

**Amérique du Sud.** — Nous signalerons seulement le Code civil de la République Argentine voté en 1869 et qui fait encore dépendre le statut personnel de la loi du domicile. Cette disposition se retrouve dans les traités de Montevideo conclus en 1889 entre la République Argentine, l'Uruguay, le Paraguay, le Brésil, le Chili, le Pérou et la Bolivie (1).

(1) Pradier-Fodéré. *Revue de droit international*, 1889, p. 217 et suivantes.

# CONCLUSION

La multiplication incessante des conflits de lois
fait ressortir tous les jours les inconvénients de l'interprétation généralement admise de l'article 3 du
Code civil. Nous avons montré que ce texte pouvait
s'expliquer tout différemment et qu'il était permis,
par suite, d'accepter en cette matière, des règles bien
préférables à celles que nous ont léguées nos anciens
auteurs. Mais notre législation n'en reste pas moins
fort insuffisante et il en est de même dans presque
tous les pays. Ce n'est guère que dans les Codes qui
ont été faits ou révisés dans la seconde partie de ce
siècle, que l'on trouve quelques dispositions vraiment satisfaisantes. Partout ailleurs, les lois, faites
dans un temps où les conflits étaient assez rares,
subissent encore l'influence d'idées qui sont en opposition avec la situation actuelle. Sans doute, des efforts
nombreux ont été tentés : la doctrine a montré le peu
de fondement des principes acceptés jadis et en a
mis d'autres en lumière, mieux conçus et plus con-

formes au droit. Sous son impulsion, la jurisprudence des divers Etats est parvenue à réaliser quelques progrès: mais, trop souvent, elle est arrêtée
dans cette voie par une législation surannée, à
laquelle elle doit cependant obéir.

Comment pourrait-on faire cesser un pareil état de
choses ? Il est certain que la révision des lois de plusieurs pays serait fort désirable. Mais cela ne saurait
suffire. S'il est, en effet, possible d'arriver sur quelques points à une loi commune, notamment en
matière de droit commercial, il ne faut pas songer à
faire adopter par les différents Etats une législation
civile identique : l'organisation de la famille, le
régime de la propriété, le droit successoral sont trop
étroitement liés avec les institutions politiques et les
mœurs de chaque pays. Le perfectionnement des
diverses législations ne pourra donc faire disparaitre
les conflits et il vaut mieux se préoccuper de leur
assurer en tout lieu une solution uniforme.

Le meilleur moyen pour y parvenir est incontes-
tablement l'emploi des conventions internationales.
Un certain nombre ont déjà été conclues et tout
porte à croire qu'elles se multiplieront peu à peu.
N'est-on pas arrivé, en d'autres matières, à des résultats presque aussi importants, grâce à la formation
d'Unions internationales, Union postale, Union
télégraphique, Union de la propriété industrielle,
Union de la propriété littéraire, Union pour le trans-
port des marchandises par chemins de fer ? Ne pourrait-on pas créer une Union semblable pour régler

partout les conflits de lois d'une manière identique ? (1).

Les tentatives faites, à plusieurs reprises, dans ce but, par le gouvernement italien, ont complètement échoué, et il en a été de même de la proposition faite par la Hollande en 1874. La nouvelle tentative entreprise en 1892 par le gouvernement néerlandais a été plus heureuse et a abouti à une conférence internationale qui s'est réunie à La Haye au mois de septembre 1893.

Presque tous les États de l'Europe y ont pris part : toutefois l'Angleterre, en raison du caractère tout particulier de sa législation, ne s'y est pas faite représenter. La conférence a adopté plusieurs solutions relatives au mariage, à la communication des actes judiciaires ou extra-judiciaires, aux commissions rogatoires et aux successions. Toutes ces dispositions ont été consignées dans un protocole final par lequel les délégués des divers gouvernements « sont convenus de les soumettre à l'appréciation de leurs gouvernements respectifs. »

Nous n'entrerons pas dans le détail des résolutions votées par la Conférence de La Haye. Observons seulement qu'en ce qui concerne le mariage, elle a posé en principe que « le droit de contracter mariage est réglé par la loi nationale de chacun des futurs époux, à moins que cette loi ne s'en rapporte soit à la loi du

(1) Renault. *Le droit international privé et la conférence de La Haye,* p. 6.

domicile, soit à la loi du lieu de la célébration » (1).
Quant à la matière des successions, des testaments
et des donations, la conférence s'est prononcée en
faveur du système qui gagne tous les jours des suf-
frages dans la doctrine et elle a adopté les deux
règles suivantes :

« Les successions sont soumises à la loi nationale
du défunt. »

« La capacité de disposer par testament ou par donation ainsi que la substance et les effets des testaments et des donations, sont régis par la loi nationale
du disposant. » Et cependant, telle est, en France, la
force de la tradition, que les délégués de notre pays
ont cru devoir faire des réserves. Pour eux, le droit
français, dans son état actuel, ne permet pas d'accepter une pareille solution, du moins en ce qui
regarde les immeubles (2). Nous avons dit combien, à
notre sens, cette manière de voir est peu fondée et à
quels résultats déplorables elle aboutit dans la pratique.

Dans le protocole final, les délégués reconnais-
saient « l'utilité d'une conférence ultérieure pour
arrêter définitivement le texte des règles qui ont été
insérées dans le présent protocole et pour aborder
en même temps l'examen d'autres matières de droit

(1) Sur cette dernière disposition V. Lainé « La Conférence de
La Haye relative au droit international privé. » *Journal du droit
international privé*, 1894, p. 249.
(2) Renault, *op. cit.*, p. 36 et 37. Cf. Lainé, *loc. cit.*, p. 253 et suivantes.

international privé sur le choix desquelles les cabinets se seraient préalablement mis d'accord. »

Cette seconde conférence s'est tenue à La Haye du 25 juin au 13 juillet 1894. Elle a adopté un assez grand nombre de résolutions relatives au mariage, à la tutelle, à la procédure civile, aux successions et aux donations à cause de mort (1). Nous en signalerons quelques-unes.

« Le droit de contracter mariage est réglé par la loi nationale de chacun des futurs époux, sauf à tenir compte, soit de la loi du domicile, soit de la loi du lieu de la célébration, si la loi nationale le permet. »

La succession doit être régie par la loi nationale du défunt, mais en ce qui concerne les donations et les testaments, on décide, comme en 1893, que « lorsque la loi nationale du disposant exige comme condition substantielle que l'acte ait ou la forme authentique, ou la forme olographe, ou telle autre forme déterminée par cette loi, le testament ou la donation ne pourra être fait dans une autre forme. »

La conférence de La Haye n'a pas eu encore de résultats au point de vue du droit positif. Il est à souhaiter pourtant que les divers gouvernements comprennent la nécessité d'avoir recours à des conventions internationales pour mettre, autant que possible, un terme aux difficultés que font naître les conflits de lois et remédier à l'imperfection et aux lacunes que présentent, sur ce point, les législations de la plupart des pays.

(1) Elle a adopté aussi un avant-projet relatif à la faillite.

# BIBLIOGRAPHIE

---

ANTOINE. — De la succession légitime et testamentaire en droit international privé. Paris, 1876.

ARGENTRÉ (D'). — *Commentarii in consuetudines Ducatus Britanniæ*. Paris, 1621.

ASSER et RIVIER. — Eléments de droit international privé ou du conflit des lois. Paris, 1884.

AUBRY et RAU. — Cours de droit civil français, 4e édit. Paris, 1869-1879.

BARDE. — Théorie traditionnelle des statuts ou principes du statut réel et du statut personnel d'après le droit civil français. Bordeaux, 1880.

BAUDRY-LACANTINERIE. — Précis de droit civil, 4e et 5e édit. Paris, 1893-1895.

BAUDRY-LACANTINERIE et WAHL. — Traité des successions. Paris, 1895.

BERTAULD. — Questions pratiques et doctrinales de Code Napoléon. Paris, 1869.

BOUHIER. — Observations sur la coutume du duché de Bourgogne. Dijon, 1787.

BOULLENOIS. — Traité de la personnalité et de la réalité des lois, coutumes ou statuts. Paris, 1766.

BROCHER. — Cours de droit international privé, suivant les principes consacrés par le droit positif français. Paris et Genève. 1882-1885.

CHAMPCOMMUNAL. — Etude sur la succession *ab intestat* en droit international privé. Paris, 1892

DEMANGEAT. — Histoire de la condition civile des étrangers en France. Paris, 1844.

DEMANTE et COLMET DE SANTERRE. — Cours analytique de Code Civil, 2e édit. Paris, 1881-1889.

DEMOLOMBE. — Cours de Code Napoléon, nouv. édit Paris, 1880-1885.

DESPAGNET. — Précis de droit international privé, 2e edit. Paris, 1891.

DESPAGNET. — La théorie des statuts dans le Code Civil (Revue critique de législation et de jurisprudence, 1884).

DESPAGNET. — L'ordre public en droit international privé (Journal du droit international privé, 1889).

DUGUIT. — Des conflits de législations relatifs à la forme des actes civils. Bordeaux, 1882.

DUMOULIN. — Omnia quœ exstant opera. Paris, 1681.

DURAND. — Essai de droit international privé. Paris, 1884.

FENET. — Recueil complet des travaux préparatoires du Code civil. Paris, 1827-1837.

FŒLIX. — Traité de droit international privé, 4e édit., par M. DEMANGEAT. Paris, 1866.

FROLAND. — Mémoires concernans la nature et la qualité des statuts. Paris, 1729.

HUC. — Commentaire théorique et pratique du Code civil (7 volumes parus). Paris, 1892-1894.

JITTA. — La méthode du droit international privé. La Haye, 1890.

LAINÉ. — Introduction au droit international privé (2 vol. parus). Paris, 1888-1892.

LAINÉ. — Etude sur le titre préliminaire du projet de révision du Code civil belge (Bulletin de la Société de Législation comparée, 1890.)

LAINÉ. — La Conférence de La Haye relative au droit international privé (Journal du droit international privé, 1894).

LAURENT. — Principes de droit civil français, 3e édit. Paris, 1869-1878.

LAURENT. — Le droit civil international. Paris, 1880-1882.

LOCRÉ. — Législation civile, commerciale et criminelle de la France. Paris, 1826-1832.

MAILHER DE CHASSAT. — Traité des statuts d'après le droit ancien et le droit moderne ou du droit international privé. Paris, 1844.

MARCADÉ. — Explication théorique et pratique du Code civil, 7e et 8e édit. Paris, 1873-1891.

MASSÉ. — Le droit commercial dans ses rapports avec le droit des gens et le droit civil. 3e édit. Paris, 1874.

PILLET. — Le droit international privé considéré dans ses rapports avec le droit international public (*Revue pratique de droit international privé,* 1892).

PILLET. — Essai d'un système général de solution des conflits de lois (*Journal du droit international privé,* 1894-1895).

POTHIER. — Œuvres. Paris, 1821-1824.

RENAULT. — Le droit international privé et la conférence de La Haye, Paris, 1894.

ROGUIN. — La règle de droit. Lausanne, 1889.

SAVIGNY. — Histoire du droit romain au moyen-âge. (Traduction Guenoux). Paris 1839.

SAVIGNY. — Traité de droit romain. (Traduction Guenoux). Paris, 1840-1851.

SURVILLE ET ARTHUYS. — Cours élémentaire de droit international privé. 2me édit. Paris, 1890.

WEISS. — Traité élémentaire de droit international privé. 2me édition. Paris, 1890.

# TABLE DES MATIÈRES

---

---

Bordeaux. — Imprimerie du MIDI, 91, rue Porte-Dijeaux.

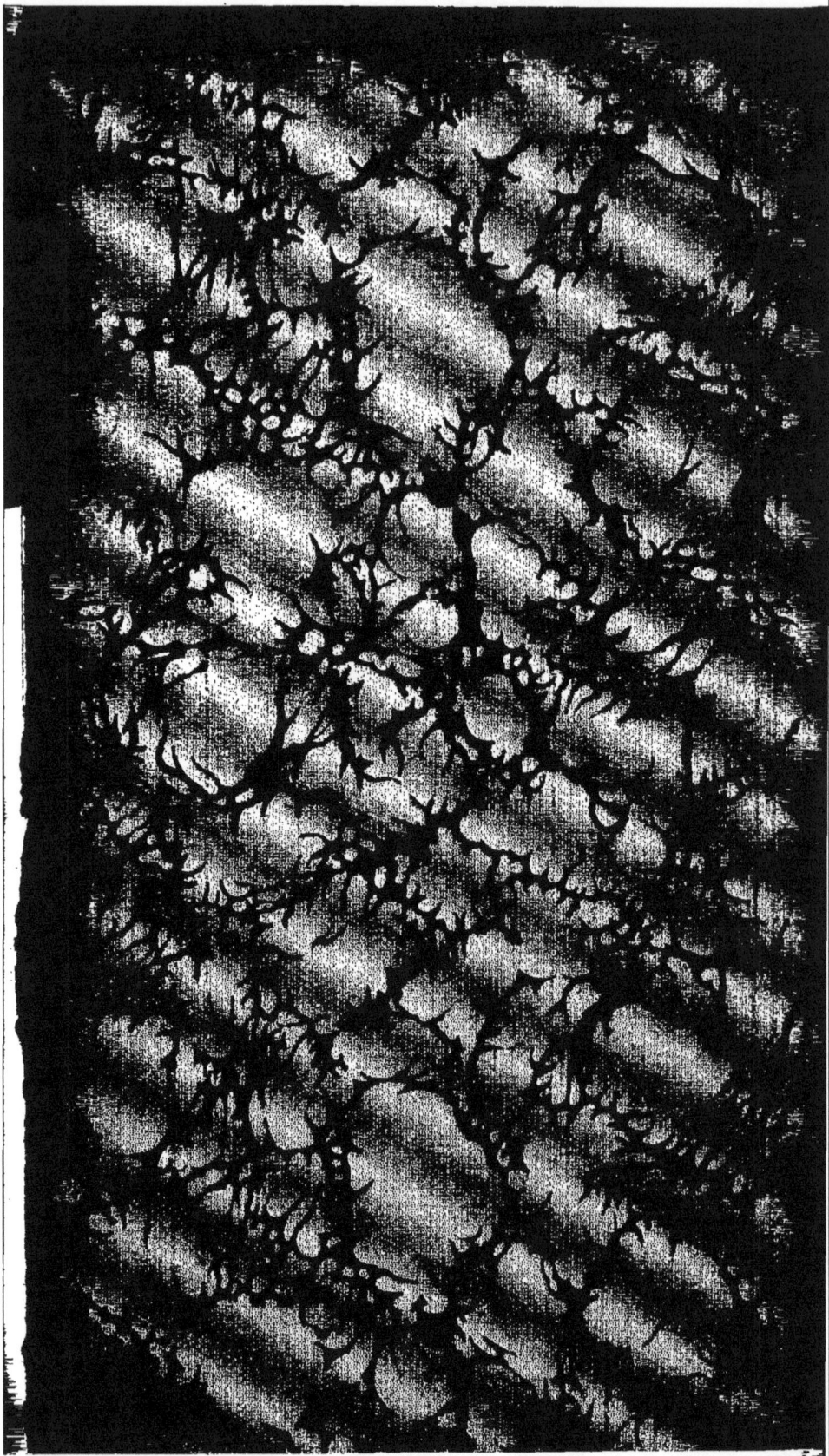

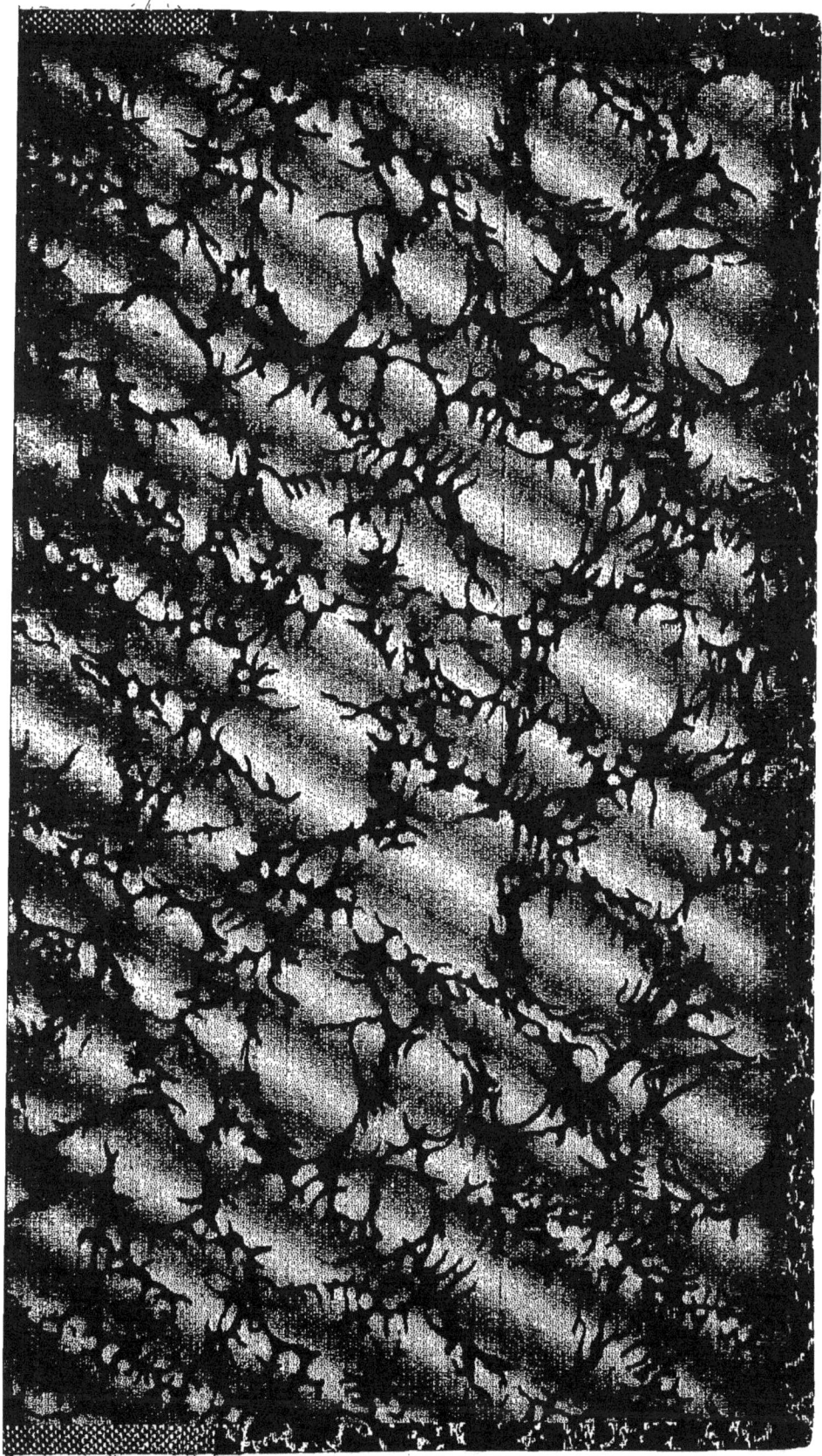

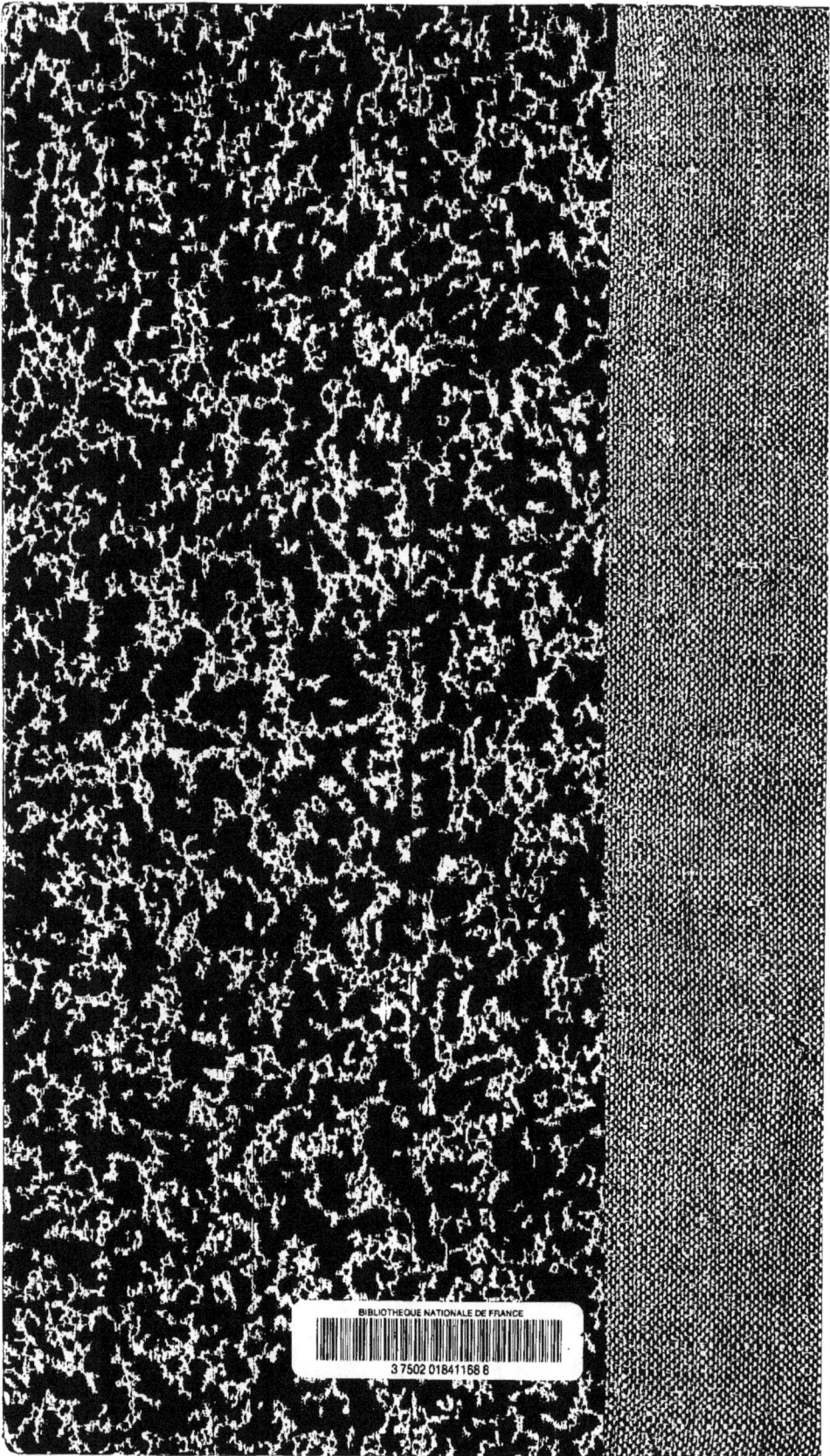

BIBLIOTHEQUE NATIONALE DE FRANCE

3 7502 01841168 8